阶梯汉语

STEP BY STEP CHINESE

中级精读

Intensive Chinese

Intermediate

1

本册主编
赵 新　李 英

赵 新　李 英　林 凌　编著

华语教学出版社
SINOLINGUA

First Edition   2004
Tnird Printing   2009

ISBN 978 - 7 - 80052 - 974 - 0
Copyright 2004by Sinolingua
Published by Sinolingua
24 Baiwanzhuang Road, Beijing 100037, China
Tel: (86) 10-68320585
Fax: (86) 10-68326333
http://www.sinolingua.com.cn
E-mail: fyjx@ sinolingua.com.cn
Printed by Beijing Foreign Languages Printing House
Distributed by China International
Book Trading Corporation
35 Chegongzhuang Xilu, P.O. Box 399
Beijing 100044, China

Printed in the People's Republic of China

前言

本教材是为在全日制学校学过一年（约800学时）汉语的外国留学生编写的中级精读教程。学过《高等学校外国留学生汉语教学大纲》（长期进修）中的初级词（2399个），汉语水平考试成绩达到三级（即初等C级）的外国人也适用。

本教材本着突出科学性和实用性，讲求通用性和持久性、增强知识性和趣味性的原则，同时依据精读课的课型特点和中级阶段学习的特点，进行设计和编写。

本教材分为4册，每册12课，共48课，供一学年使用。每课由提示、生词表、课文、重点词语学习、语法注释、练习、副课文等7个部分组成，一般4~6学时学完一课。

1. 提示

是课文的引子，简要概括课文主要内容，说明其意义，引起话题。

2. 生词表

我们依照《高等学校外国留学生汉语教学大纲》和《汉语水平词汇与汉字等级大纲》对生词的数量和等级进行了严格的控制。整套教材总体生词平均每课50个以内，逐册增加：第一册每课平均45个，第二册平均48个，第三册平均50个，第四册平均50个；生词以中级词为主，其中一二册中级词约为85%，高级词和超纲词控制在15%以内；三四册中级词约80%，高级词和超纲词控制在20%以内。整套教材共收中级词1810个（只限生词表中出现的），约占《教学大纲》中级词总数的64%。

另外，我们对生词表做了两点改进：(1) 词义解释采用双语：汉语解释在前，英语解释在后。汉语解释尽量使用初级词语和前面学过的中级词语，避免使用高级和超纲词，这样既可以激活学生记忆系统中的初级词语，又可以重现前面学过的中级词语。(2) 列出生词的近义词、反义词、多音词以及同语素的合成词等，形成生词的参照系统，扩大生词意义及用法的容量。生词表中所使用的符号，近义词为"≈"，反义词为"←→"，同语素合成词为"＞"，多音词下划线，并注出不同读音。

3. 课文

课文是报刊杂志书籍上的自然语料，全部经过严格的选择和认真的改写。

在选材上，特别注意选用与现实生活密切相关的、内容与词语句式都实用的新鲜语料，不把内容局限在文学或文化方面，限制纯文学色彩语料，限制采用地方色彩浓的语料（包括北京话），限制采用口语化材料，限制采用时限性强的语料。所选语料题材广泛，体裁多样，内容丰富，富有知识性和可读性。

所选课文全部经过认真改写，力求做到内容科学清晰，语言准确规范，结构紧密合理。并以《高等学校外国留学生汉语教学大纲》（长期进修）和《汉语水平词汇与汉字等级大纲》来控制生词的数量和等级、确定语法项目的分布，从而确保教材的中级水平。并注意使生词保持一定的重现率。

课文长度逐册增加：一册约为800~1400字，二册约为1000~1500字，三册约为1200~1700字，四册约为1400~2000字（古诗词除外）。课文每5行有行数标记，以便教学时迅速查找。

4. 重点词语学习

每课选取10～12个常用的中级词语重点讲练,较详细地举例说明其用法,以利于达到复用式掌握(即听、说、读、写四会)。

5. 语法注释

语法注释依据的是《教学大纲》规定的中级语法项目。注释语言力求简明,避免使用超纲词。注释点控制在每课平均10个以内。除口语中常用的固定格式以外,本教材中出现的语法项目基本上涵盖了《教学大纲》中级语法项目的绝大部分。

6. 练习

精读课是以讲练语言知识为主的综合课,根据这一特点,我们把练习的重点放在词语和语法项目的复习和巩固上。同时,适当出现围绕课文进行的会话练习和写作练习,使学生得到听说读写的全面训练。

练习依据"理解、模仿、记忆、巩固、交际"的目的进行编排。题型多样,题量充足。每课题型不少于10种,针对语音、词语、语法、语段进行全面训练,并特别注意对形似字、多音词、多义词、近义词、成语、固定结构、句式的练习。通过全面系统足量的练习,使学生得到充分的训练和全面的提高。

同时,注意主观题型与客观题型相互结合、互相补充,既注意与汉语水平考试接轨,以提高学生的考试能力,又注意训练学生的实际理解和表达能力。

7. 副课文

副课文也是自然语料,经过认真改写,供学生课外阅读。副课文与主课文在内容上有关连,字数控制在1000字以内,并尽可能重现生词,避免使用高级词和超纲词。

在重点词语学习、语法注释和练习等三个部分,我们特别注意在例句中重现前面学的生词,并尽量避免使用高级词和超纲词。

为了方便使用,书后附有词汇、重点词语、语法注释总表以及部分练习答案。

本教材是周小兵先生主持的华南分会系列教材中的一部,在他的总体规划和指导下进行编写。具体分工如下:全部主、副课文的选定、改写、重点词语和语法注释的确定由赵新、李英、林凌完成;生词表、重点词语、语法注释、练习的编写,第一册由赵新完成;第二册由李英完成;第三册的初稿1～2课林凌,3～5课周清艳,6～8课李平,9～10课李蕊,11～12课陈珺;第四册的初稿1～6课李蕊,7～12课陈珺。

全部四册由赵新、李英修改、统稿。

由于作者水平所限,难免会有错误和疏漏,敬请各位同行及留学生提出批评意见。

编者
2003 年 7 月

目录

CONTENT

第一课

孔雀的悲哀

提示：

在生活中，每个人都会遇到危险和困难。当我们遇到危险和困难时，常常需要做出选择。这时候，你想到的是自己还是别人？下面这个有趣的心理小测验告诉我们一个道理。

生　词

1. 悲哀　　bēi'āi　（形）　心里难过、伤心　　sorrowful
2. 神秘　　shénmì　（形）　使人觉得奇怪、特别，其中好像有什么秘密　mysterious
　　　　　　神－袖
3. 心理　　xīnlǐ　（名）　人的情绪、思想、感觉等　　psychology
4. 好奇　　hàoqí　（形）　对不了解的事物有兴趣　　be curious
　　　　　　好（hǎo）　人
5. 原始　　yuánshǐ　（形）　最古老的、还没发现或利用的。如：原始社会、原始材料　original, primitive
6. 探险　　tànxiǎn　（动）　到无人去过或很少有人去的危险地方去
7. 将　　　jiāng　（介）　把。如：将他带走
8. 一一　　yīyī　（副）　一个接一个地、有先后地　　one by one
9. 按　　　àn　（介）　按照、根据　　according to
10. 顺序　　shùnxù　（名）　事物在时间或空间上出现的先后　　order
11. 之后　　zhīhòu　（名）　在某个事物或时间之后　　after, behind
　　　　　　＞之前　之上　之下
12. 不出所料　bùchūsuǒliào　　结果没有超出事先所想的
13. 好笑　　hǎoxiào　（形）　让人发笑的、可笑　　laughable, ridiculous
14. 妥当　　tuǒdàng　（形）　可靠、合适。如：很妥当、妥当的人　　approriate, proper
15. 特殊　　tèshū　（形）　和别的不同、特别的。如：很特殊、特殊礼物　special
　　　　　　←→普通
16. 权力　　quánlì　（名）　地位或职务所给的控制、管理的力量　　power
17. 金钱　　jīnqián　（名）　钱　　money
　　　　　　钱－线
18. 欲望　　yùwàng　（名）　希望得到某种东西或达到某种目的的愿望。
　　　　　　　　　如：强烈的欲望、求知的欲望　desire

≈愿望

19. **子女** zǐnǚ （名）儿子和女儿　sons and daughters
    ≈儿女

20. **艰苦** jiānkǔ （形）工作或生活条件不好、困难辛苦　hard, difficult
    艰－跟－根

21. **惊** jīng （动）紧张、害怕、惊奇　to startle
    惊－凉－谅

22. **实话** shíhuà （名）真实的话　truth
    ＞假话　谎话　真话　好话　坏话

23. **说法** shuōfa （名）意见、看法　statement
    ＞看法　想法　做法

24. **不以为然** bùyǐwéirán　不同意、不承认某种说法、看法或做法

25. **游戏** yóuxì （名）有趣的活动。如：玩游戏、做游戏　game

26. **例外** lìwài （名）超出一般的情况或规律。如：一个例外、没有例外　exception
    例－列

27. **甚至** shènzhì （副）表示更进一步的意思　even

28. **设计** shèjì （动、名）事先制定、计划　to design, to plan

29. **同乡** tóngxiāng （名）出生地相同的人（在外地时说）

30. **吃惊** chījīng　感到紧张、害怕　be startled

31. **惟一** wéiyī （形）只有一个　sole, only

32. **一个劲儿** yígèjìnr　行为或状态一直继续不停　persistently

33. **追问** zhuīwèn （动）一直不停地问　question closely

34. **轻易** qīngyì （副）随便、不认真地　lightly, rashly

35. **孤独** gūdú （形）独自一个人　lonely

36. **顿时** dùnshí （副）立刻、马上（只用于叙述过去的事）　immediately

37. **过程** guòchéng （名）事情从开始到结束　course

38. **付出** fùchū （动）交出、拿出。如：付出劳动、付出代价　to pay

39. **角度** jiǎodù （名）看问题的不同方面和目的　poit of view

40. **着想** zhuóxiǎng （动）考虑　to think about

41. **是否** shìfǒu　是不是。如：是否同意、是否喜欢
    ＞能否　可否

课 文

一天，和一个朋友聊天，他神秘地对我说："做一个心理小测验如何？""说吧！"我很好奇。"听好了：有五种动物，老虎、猴子、孔雀（kǒngquè; peacock）、大象和狗，你单独到一个从来没到过的原始森林里探险，带着这五种动物，一路上会遇到许多困难和危险，你不可能将它们带到最后，你不得不将它们一一放弃，你会按什么样的顺序放弃呢？请你作出

5　选择。"

考虑很久之后我说："孔雀，老虎，狗，猴子，大象。""哈哈哈……"朋友大笑起来，说："果然不出所料！你也首先放弃孔雀。""这有什么好笑的？难道我的选择不妥当吗？难道孔雀有什么特殊的意义吗？"我奇怪地问。朋友一一向我解释："孔雀代表你的爱人，老虎代表你对权力和金钱的欲望，狗代表你的朋友，大象代表你的父母，猴子代表你的子女。这个问题

10　的答案说明你在艰苦的环境中会首先放弃什么，让你看看你自己是什么样的人。"

孔雀代表我的爱人？在困难的环境中难道我会首先放弃我的爱人？我一下子惊呆了。那么，选择中我为什么首先放弃孔雀呢？说实话，是因为我觉得孔雀是在艰苦的环境中最不能帮助我的东西。

我对朋友的说法很不以为然，于是开始让很多人也来做这个游戏。正如朋友所说的那样，

15　无一例外，大家首先放弃的都是孔雀。当我最后说出答案时，许多人的反应都和我的反应一样，甚至有人说，设计这个游戏的人，心理一定不正常。

有一天，我给一位同乡打电话的时候突然想起了这个问题，于是让他也来做。这个男人考虑了很久之后作出了选择：猴子，老虎，狗，大象，孔雀。我大吃一惊，他是我遇到的惟一一个选择最后放弃孔雀的人。

20　"你为什么最后放弃孔雀呢？为什么？"我一个劲儿地追问。他平静地说："你想想，在这些动物之中，孔雀是最没有能力保护自己的，我怎么能轻易放弃它，让它孤独地呆在一个危险的环境中呢？"

我顿时明白了我的悲哀。

在我们选择的过程中，我们太多地考虑别人对我们的付出，而没有想到别人需要我们什么

25　么样的付出。

这个心理测验虽然只是一个小游戏，但也反映了我们考虑问题的角度，为什么我们总是为自己着想，而不会替别人着想呢？困难的时刻，不能光考虑别人对我们有没有用，要想想别人是否也需要我们的帮助。

（据《读者》2001、24佚名《边走边悟》改写）

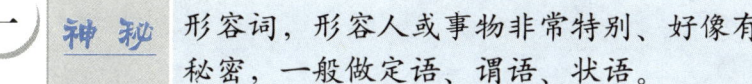

重点词语学习

一　神秘　形容词，形容人或事物非常特别、好像有秘密，一般做定语、谓语、状语。

1. 一天，和一个朋友聊天，他神秘地对我说："做一个心理小测试如何？"
2. 对我们来说，西藏很神秘。
3. 你别那么神秘，有什么话快说！
4. 云南是中国的植物王国，那里有神秘的原始森林。

二　好奇　形容词，意思是对不熟悉、不了解的事物有兴趣。常做谓语、定语、状语。

1. "说吧！"我很好奇。
2. 这个孩子很好奇，什么都想知道。
3. 人如果没有好奇心，就不会有创造。
4. 他一边看，一边好奇地问这问那。

三　特殊　形容词，和同类的事物或平常的情况不一样、特别。做谓语、定语。

1. 难道孔雀有什么特殊的意义吗？
2. 今天我们送给你一个特殊的生日礼物。
3. 大家都吃盒饭，你不能特殊。

四　艰苦　形容词，形容生活或工作条件不好、困难。多做谓语、定语。

1. 这个问题的答案说明你在艰苦的环境中会首先放弃什么。
2. 我觉得孔雀是在艰苦的环境中最不能帮助我的。
3. 李强和王兵来到山区工作，生活虽然很艰苦，但心情很愉快。

五　惊－吃惊　"惊"和"吃惊"都表示感到紧张害怕。但"吃惊"的前面可以有程度副词，中间可以插入词语（吃了一惊）；而"惊"前面不能有程度副词。

1. 我一下子惊呆了。
2. 我大吃一惊。
3. 知道了这件事，我非常吃惊。
4. 看到这种情况，他吃惊极了。
5. 不出我们所料，他听了这个消息，顿时吃惊得说不出话来。

六 惟一 形容词，意思是只有一个，没有别的。多做定语，有时也可做谓语。

1. 他是我遇到的惟——个选择最后放弃孔雀的人。
2. 这是你惟一的选择，你要好好考虑。
3. 这是全市惟一的一所大学。
4. 这种情况在我们学校是惟一的。

七 一个劲儿 固定短语，一般做状语，用在动词或动词性词组之前，表示某种动作行为、某种现象连续不断。

1. 我一个劲儿追问。
2. 雨一个劲儿地下，风一个劲儿地吹。
3. 他不说话，只是一个劲儿笑。
4. 他拉着我，一个劲儿问这问那。

八 孤独 形容词，形容人或动物单独一个人，没有同伴，很孤单。常做谓语、定语、状语。

1. 让它孤独地呆在一个危险的环境中。
2. 一个人在国外生活是非常孤独的。
3. 他是个孤独的人，没有亲人，也没有朋友。
4. 我喜欢热闹，但也不怕孤独。

九 着想 动词，意思和"考虑"差不多，但用法有不同。"考虑"可以重叠，可带宾语；"着想"一般不可以重叠，不可带宾语，但可带补语，一般要跟介词"为、替"配合使用。

1. 为什么我总是为自己着想，而不会替别人着想呢？
2. 你只想着自己，你为我着想过没有？
3. 你应当好好为孩子着想一下。
4. 这个问题，你一定要好好考虑考虑。
5. 我们可以考虑去西部开一家分公司。

一、你不可能将它们带到最后。

"**将**"，介词，意义和用法相当于"把"。"将"和名词、代词组成介词短语，做状语，一般用于书面：

1. 你不得不将它们一一放弃。
2. 请将这个词注上拼音。
3. 先将茶叶放入杯中，然后倒进开水。

"**将**"还有副词的用法，表时间，意思是不久就要发生，相当于"即将、就要、将要"等：

4. 今年7月，他将去欧洲留学。
5. 圣诞节将到，同学们准备开一个圣诞晚会。

二、你不得不将它们一一放弃。

"**一一**"，副词，做状语，表示一个一个地、有先后顺序地进行：

1. 朋友一一向我解释。
2. 他把买来的东西一一拿出来给大家看。
3. 各个单位存在的问题，市政府会一一解决的。

三、你会按什么顺序来放弃呢？

"**按**"，介词，与"按照、根据"意思相同，常可互换：

1. 请大家按顺序上车。
2. 大家按老师说的去做准备吧。
3. 按医生的说法，老虎的病每年都要犯一次。
4. 按他的设计，这个游戏应该有六个人参加。

四、朋友大笑起来。／我给一位朋友打电话时想起了这个问题。

"**起来**"和"**起**"都是趋向动词做补语，在这里都是引申意义，表示某种行为、状态的出现。但在用法上有不同："起"做补语时，后面必须有宾语，"起来"做补语时后面可以有宾语，也可以没有宾语：

1. 接着，他对我说起了这件事。
2. 这时，我想起了小时候的一件事。
3. 他的名字我实在想不起来了。
4. 说着说着，她伤心地哭起来了。

五、我对朋友的说法不以为然，于是开始让很多人也来做这个游戏。

"**于是**"，连词，连接两个前后相连的行为或现象，后一行为或现象常常是前一行为现象引起的，前后行为之间既有时间的先后，又有因果关系。可用"后来、接着、因此"等词语替换：

1. 有一天，我给一个朋友打电话时突然想起了这个问题，于是让他也来做。
2. 走了两个多小时，又累又饿，于是我们坐下来休息。

3. 听说广州好找工作，于是他从北方来到了广州。

六、甚至有人说设计这个游戏的人，心理一定不正常。

"甚至"，连词。提出更加突出的事例，表示更进一层的意思，强调事情的程度很高。常与"不但"或"连……也／都"配合使用，一般有两种用法：

(1) 连接并列的词或词组，放在最后一项之前：
　　1. 小孩子、年轻人，甚至连老年人都喜欢这首歌。
　　2. 他不但怕狗、猫、牛、马，甚至兔子他都害怕。

(2) 连接句子：
　　3. 许多人的反应也正如我的反应一样，甚至有人说："设计这个游戏的人，心理一定不正常。"
　　4. 他不但不想上班，不想出门，甚至连话也不想说。
　　5. 他的汉语语音很标准，甚至比有些中国人还标准。

七、我怎么能轻易放弃它，让它孤独地呆在一个危险的环境中呢？

"轻易"，副词，在这里是"不认真、随便"的意思，一般做状语：
　　1. 这可是件大事，你要好好考虑，不要轻易做决定。
　　2. 你怎么能把这么重要的事轻易告诉别人呢？
　　3. 机会难得，你不能轻易放弃。

八、我顿时明白了我的悲哀。

"顿时"，副词，与"立刻"意思相同，表示动作、情况、状态、现象突然发生变化。但是，"顿时"只用在过去时的句子中，"立刻"还可以用在现在或将来时的句子中：
　　1. 他走到哪里，哪里顿时就热闹起来。
　　2. 听到这个消息，大家顿时高兴得跳了起来。

比较：
　　3. 你等着，我立刻就来。
　　4. 明天我一到了北京，立刻就给你打电话。

九、为什么我们总是为自己着想，而不会替别人着想呢？

"而"，连词，连接两个句子，表示对比，可用"却"替换。前句和后句可以是同一主语，也可以不是同一主语：
　　1. 我们太多地考虑别人对我们的付出，而没有想到别人需要我们什么样的付出。
　　2. 我是学数学的，而他是学物理的。
　　3. 他爱吃四川菜，而我爱吃广东菜。
　　4. 我去过北京，而没有去过上海。

练习

一、给下列形似字注音并组词：

钱	孤	险	惊	受	神	设	环
线	狐	脸	谅	爱	袖	没	坏

二、给下列词语配上合适的词语：

艰苦＿＿＿＿＿＿＿　　　　特殊＿＿＿＿＿＿＿　　　　＿＿＿＿＿＿＿过程

神秘＿＿＿＿＿＿＿　　　　孤独＿＿＿＿＿＿＿　　　　＿＿＿＿＿＿＿设计

危险＿＿＿＿＿＿＿　　　　妥当＿＿＿＿＿＿＿　　　　＿＿＿＿＿＿＿权力

惟一＿＿＿＿＿＿＿　　　　轻易＿＿＿＿＿＿＿　　　　＿＿＿＿＿＿＿之后

三、给括号里的词语找位置：

1．万里长城 A 是 B 中国历史 C 世界历史上 D 的奇迹。（甚至）

2．这个地方 A 很难找，B 本地人也 C 不知道 D 在哪儿。（甚至）

3．这个问题 A 太容易了，B 连 C 小学生都 D 会做。（甚至）

4．A 我只知道 B 他来广州的时间，C 不知道 D 他来广州的目的。（而）

5．A 我首先 B 放弃孔雀，C 他最后 D 放弃孔雀。（而）

6．汉语 A 有声调，B 英语 C 没 D 声调。（而）

7．A 在广州 B 生活了一段时间，C 由于气候不适应，D 他又离开了广州。（于是）

8．我想去桂林，A 妻子要去西安，B 我们决定 C 先去桂林，D 再去西安。（于是）

9．他 A 喜欢足球，B 我也喜欢，C 我们很快 D 就成了好朋友。（于是）

10．我 A 想知道你 B 愿意 C 帮我 D 补习数学？（是否）

11．人类在 A 长期的 B 生活中，逐渐对 C 的大自然有了 D 科学的认识。（神秘）

12．他 A 对我 B 地笑了笑，C 然后 D 就走了。（神秘）

13．A 他 B 没有工作，C 这所房子是他 D 的财产。（惟一）

14．A 我们班 B 他是 C 一个 D 去过西藏的。（惟一）

15．A 看到 B 这种结果，他 C 吃惊 D 得叫了起来。（顿时）

16．上海队 A 技术很好，B 北京队 C 不可能 D 取得胜利。（轻易）

四、用括号里的词语完成句子：

1．不出所料，＿＿＿＿＿＿＿＿＿＿＿＿＿＿＿＿＿。（果然）

2．他猜得真准，你＿＿＿＿＿＿＿＿＿＿＿＿＿＿＿。（果然）

3．半路上自行车坏了，＿＿＿＿＿＿＿＿＿＿＿＿＿。（于是）

4．听了这个消息，我＿＿＿＿＿＿＿＿＿＿＿＿＿＿。（顿时）

5．咱们是老朋友了，＿＿＿＿＿＿＿＿＿＿＿＿＿＿。（难道）

6．请你告诉我，你＿＿＿＿＿＿＿＿＿＿＿＿＿＿＿。（是否）

7．钱花完了，我＿＿＿＿＿＿＿＿＿＿＿＿＿＿＿＿。（不得不）

8．雨越下越大，比赛＿＿＿＿＿＿＿＿＿＿＿＿＿＿。（不得不）

9. 你放心，我不会＿＿＿＿＿＿＿＿＿＿＿＿＿＿＿＿＿。（危险）

10. 夏天去登雪山，＿＿＿＿＿＿＿＿＿＿＿＿＿＿＿＿＿。（危险）

11. 不管别人听不听，他＿＿＿＿＿＿＿＿＿＿＿＿＿＿＿。（一个劲儿）

12. 他一句话也不说，＿＿＿＿＿＿＿＿＿＿＿＿＿＿＿＿。（一个劲儿）

13. 同学们提了很多问题，老师＿＿＿＿＿＿＿＿＿＿＿＿＿。（一一）

14. 文章中的错字，我＿＿＿＿＿＿＿＿＿＿＿＿＿＿。（一一）

14. 这个字不但我不认识，＿＿＿＿＿＿＿＿＿＿＿＿＿。（甚至）

15. 山里的人很少出门，有的老人＿＿＿＿＿＿＿＿＿。（甚至）

五、选词填空：

（设计　心理　悲哀　神秘　顺序　游戏）

1. 这篇小说中人的＿＿＿＿＿＿＿＿活动描写得特别好。

2. 她＿＿＿＿＿＿＿＿的服装在服装大赛中得了特等奖。

3. 请旅客们排好队，按＿＿＿＿＿＿＿＿上车。

4. 孩子们喜欢玩电脑＿＿＿＿＿＿＿＿，但要注意不要玩太长时间。

5. 小时候，奶奶给我讲了很多＿＿＿＿＿＿＿＿的大森林里的故事。

6. 生活中，有成功，也有失败；有欢乐，也有＿＿＿＿＿＿＿＿。

（权力　说法　例外　惟一　不以为然　不出所料）

7. 你这种＿＿＿＿＿＿＿＿不是没有道理的。

8. ＿＿＿＿＿＿＿＿，他真的猜不着。

9. 他＿＿＿＿＿＿＿＿不大，不可能解决这么多问题。

10. 请让我参加比赛，这是我＿＿＿＿＿＿＿＿的要求。

11. 我认为他的设计很不错，但李先生却＿＿＿＿＿＿＿＿。

12. 小李平时早上六点钟就起床，今天＿＿＿＿＿＿＿＿，九点了还在睡觉。

六、多义词选择：

（A. 停留、等待　　B. 表情不灵活、反应慢）

1. 我一下子惊呆了。（　　）

2. 他呆住了，不知该说什么好。（　　）

3. 他呆呆地望着窗外。（　　）

4. 你准备在广州呆几天？（　　）

5. 你呆会儿再来，我现在正忙。（　　）

（A 把，介词　　B 就要、将要，副词）

6. 汤烧开后，将牛肉放进去，煮一个小时。（　　）

7. 请将车窗关好，不要把手伸出窗外。（　　）

8. 明年，广州将开始修建3号地铁线。（　　）

9. 麦克毕业后将留在中国发展。（　　）

10. 老李完全没有将危险放在心上。（　　）

七、同义词填空：

(之后－以后　顿时－立刻　着想－考虑)

1. 认识你很高兴，＿＿＿＿＿＿多联系。
2. 毕业＿＿＿＿＿＿，我一直没见过她。
3. 以前，我是这么做的，＿＿＿＿＿＿，我还会这么做。
4. 测试做完＿＿＿＿＿＿，请大家按顺序走出教室。
5. 明天下午到了上海，你＿＿＿＿＿＿去找老李。
6. 孩子摔倒了，头上＿＿＿＿＿＿鲜血直流。
7. 领导＿＿＿＿＿＿到你身体不好，这次活动你就别参加了。
8. 你应当多为父母亲＿＿＿＿＿＿，让他们生活得愉快一些。

(苦－艰苦　金钱－钱　欲望－愿望)

9. 这本书多少＿＿＿＿＿＿？
10. 在＿＿＿＿＿＿和朋友之间，我选择朋友。
11. 虽然山区的条件很＿＿＿＿＿＿，但我们工作得很愉快。
12. 他年轻的时候吃了不少＿＿＿＿＿＿，现在生活才好了。
13. 让广州变得越来越漂亮，是每个广州人的＿＿＿＿＿＿。
14. 他心里只有赚钱和享受的＿＿＿＿＿＿。
15. 这种药效果不错，就是太＿＿＿＿＿＿。
16. 希望你的这个＿＿＿＿＿＿能够很快实现。

017

八、综合填空：

在这个小＿1＿中，多数人在困难的时候都选择＿2＿放弃孔雀，＿3＿他们觉得孔雀对自己没有用。只有一个人选择＿4＿放弃孔雀，因为他＿5＿孔雀最没有自我保护能力，应该受到人的＿6＿。这个小测试虽然＿7＿一个游戏，但是，却使我＿8＿了一个道理：一个人在困难的时候，不能只为自己着想，也应当为＿9＿考虑。

1. A.考试　　　B.测验　　　C.检查　　　D.考验
2. A.最后　　　B.首先　　　C.开始　　　D.一一
3. A.因为　　　B.由于　　　C.如果　　　D.虽然
4. A.最后　　　B.首先　　　C.不能　　　D.轻易
5. A.以为　　　B.认为　　　C.着想　　　D.为了
6. A.放弃　　　B.选择　　　C.考虑　　　D.保护
7. A.不是　　　B.只能　　　C.只是　　　D.只
8. A.明白　　　B.选择　　　C.着想　　　D.反应
9. A.孔雀　　　B.自己　　　C.别人　　　D.他们

九、大家一起谈谈各自的选择并说明理由。

十、根据下面的提纲，把课文改成100～200字短文。

1. 朋友让我做心理测试；
2. 我让其他人做心理测试；
3. 从测试中我明白了一个道理。

选 择

公司搞培训，经理从某大学请来了一位教授讲课。教授走进教室，严肃地说："在讲课前，我要给大家出一道题，也算是一次心理测验吧。"

大家惊奇地看着教授，教授转身在黑板上写下了十二个大字：父母、爱人、儿女、事业、健康。他说："黑板上所写的都是我们希望有的东西，在这六种东西中，你只能有一种。大

5　家可以自由选择，但是，记住，每人只能选择一种，每放弃一种就永远失去了它。现在开始选择！"

大家拿着笔，谁也不知道该选择什么。

放弃父母吗？不！父母给了我们生命，怎么能放弃父母呢？放弃爱人？也不行！爱人是我们生命的另一半。那么，放弃儿女？也不！儿女是我们生命的继续，是我们的希望。好吧，

10　那就放弃事业。不！不能！没有了事业，生命还有什么意义？健康呢？人一旦失去了健康，活着比死了还难受。放弃生命吗？更不行！活着多好啊……

不能放弃！哪一种都不能失去啊！

这时，教授说话了："大家都选择好了吗？选择好的请举手。"

大家你看着我，我看着你，没有一个人举手。

15　教授笑了："好了，相信各位不愿意放弃其中任何一种。是的，谁都不愿意失去一切美好的东西，这是人之常情，大家没错。我要说的是，既然不愿意失去，那么，从现在开始，就请好好珍惜现在你已经有的一切吧！"

每个人都希望自己能有一切美好的东西，但这往往是不可能的。所以，只有好好珍惜你现在已经有的，不要轻易失去它。朋友，你说对吗？

练习：

谈谈这篇文章对你有什么启发。

第二课

虎猫对话

提示：

　　老虎是"百兽之王"，有一天，老虎请猫喝酒。它们之间发生了什么事呢？请看下面的故事。

生　词

1. 捎　　shāo　（动）顺便带上。如：捎信、捎东西　to take sth. along to sb.
　　　　≈带

2. 抽空　chōukòng　（动）挤出时间　to manage to find time

3. 颤抖　chàndǒu　（动）发抖　to shake, to tremble

4. 既然　jìrán　（连）先提出某种事实或已肯定的前提，然后得出结论　since

5. 彼此　bǐcǐ　（代）那个和这个，双方　each other
　　　　≈互相

6. 伤害　shānghài　（动）使身体或精神受到损害　to harm, to hurt

7. 皱　　zhòu　（动）起皱纹　to wrinkle, to crease

8. 眉头　méitóu　（名）两条眉毛之间及附近的地方　brows

9. 小心翼翼　xiǎoxīnyìyì　为避免出现不好或意外的事而非常认真小心

10. 吞吞吐吐　tūntūntǔtǔ　不愿说或不敢说话
　　　　吞 — 舌

11. 告辞　gàocí　（动）向主人表示要离开　to say goodbye
　　　　≈告别

12. 摇晃　yáohuàng　（动）向左右或前后来回地动　to rock, to shake

13. 爪子　zhuǎzi　（名）野兽的脚　claw, talor

14. 弄　　nòng　（动）搞、做、干　to make, to do

15. 挣扎　zhēngzhá　（动）在极困难的情况下用力使自己不倒下去　to struggle to

16. 惊慌　jīnghuāng　（形）因为受惊而感到害怕、紧张　be surprise

17. 为难　wéinán　（动）感到事情难办，想不出办法处理　to feel embarrased

18. 放松　fàngsōng　（动）由紧变松。如：放松学习、放松精神　to relax, to loosen

19. 忍　　rěn　（动）把不愉快的感觉或情绪压下去，不表现出来　to bear, to endure

20. 忠实　zhōngshí　（形）老实可靠。如：忠实的朋友、忠实的观众　faithfull

≈ 忠诚

21. 推辞　tuīcí　（动）拒绝接受。如：不要推辞、推辞了半天　to decline

22. 痒　yǎng　（形）皮肤受到刺激引起想抓的感觉。如：很痒、痒极了　itchy

23. 整　zhěng　（形）全部、没有缺少或多余。如：整天、整夜　whole

24. 苦恼　kǔnǎo　（形）痛苦或心里不痛快　vexed, worried
　　　恼 — 脑

25. 叹气　tànqì　（动）心里不痛快而呼出长气。如：叹了一口气　to sigh

26. 四处　sìchù　（名）周围各地　all around
　　　≈ 到处

27. 偏方　piānfāng　（名）民间流传的中药方

28. 眼光　yǎnguāng　（名）眼睛看东西时的视线、目光　line of vision, eye

29. 骨头　gǔtou　（名）bone　如：狗骨头、骨头汤

30. 忍心　rěnxīn　（动）硬着心肠，缺少对别人的关心、同情。如：不忍心、怎么忍心

31. 嗡　wēng　（象声）飞机、蜜蜂等发出的声音　drone, buzz

32. 哆嗦　duōsuō　（动）身体颤抖，自己不能控制。如：全身哆嗦　to tremble, to shiver

33. 交往　jiāowǎng　（动）互相接触来往　to associate, to contact
　　　≈ 交际

34. 舍不得　shěbudé　（动）非常爱惜而不忍放弃、不愿使用　hate to part with

35. 似的　shìde　（助）表示比喻，常与"像、仿佛"等配合　as, like
　　　≈ 一样

36. 清醒　qīngxǐng　（形）清楚明白、不糊涂；由昏迷而恢复正常　sober

37. 心思　xīnsi　（名）想法　idea

38. 至于　zhìyú　（连）表示另提一事　as for, as to

39. 儿女　érnǚ　（名）儿子和女儿　son and daughter

40. 欺负　qīfu　（动）用不好的手段对待别人，破坏别人的利益　to bully
　　　欺 — 期

41. 吼　hǒu　（动）大声叫喊。如：大吼一声　to roar, to shout

42. 犯　fàn　（动）病或错误发作、发生。如：犯病、犯错误　to have a recurrence

43. 昏　hūn　（动、形）失去知觉。如：头昏、昏过去　to lose conciousness; dizzy

老虎托喜鹊（xǐquè magpie）捎话给猫，请它抽空过来喝一杯。

"大王，你不会拿我当下酒菜吧？"猫颤抖着问老虎。

"你这是说哪儿的话！别忘了，我也是猫科动物。既然都是自家兄弟，彼此帮忙还来不及呢，怎么能互相伤害呢？"老虎热情地说。

5   "您的话真让我感动，大王。"猫松了一口气。

虎猫用鸡血当酒，坐在一起，你一杯，我一杯，喝了起来。

喝着喝着，老虎渐渐皱起了眉头。

"大王是不是不舒服？"猫小心翼翼地问。

"没……没事儿。"老虎吞吞吐吐地说。

10   "大王，时间不早了，您要是没事，我就告辞了。"猫摇摇晃晃地问，它喝得有点儿多了。

"别急，还早呢。"老虎用爪子按住了猫。

"大王，您把我弄出血了。"猫一边挣扎，一边惊慌地说。

"我今天请你来，是有件为难的事要跟你商量。"老虎的态度很和气，可它的爪子一点儿也没放松。

15   "大王请讲。我是您忠实的兄弟，只要有用得着我的地方，就是再苦再累，我也不会推辞。"猫忍着疼说。

"我最近得了一种奇怪的病，尾巴痒得要死，经常是整夜睡不好觉。"老虎苦恼地说。

"大王用药了没有？"猫问。

"医生给开了各种药，可还是不好。"老虎长长地叹了一口气，流出了两行热泪。

20   "大王，别着急，我明天就四处去打听，一定能找到好药，治好大王的病。"猫急忙说。

"不必了。昨天医生又说了一个偏方，说是一用就好。"老虎把眼光移向远处。

"那就太好了。大王，是什么偏方呢？"猫好奇地问。

"偏方……就是要用一只小老虎或猫的骨头煮的水涂在尾巴上，几天以后就好了。"老虎一只爪子抓着猫，另一只爪子轻轻摸着猫的头，放声大哭，"我真是不忍心哪！"

25   "大王的意思是……"猫的脑袋嗡嗡响，全身哆嗦，什么话也说不出来了。

"我只有四个孩子呀！小小的年纪……我怎么忍心用它们的骨头呀！"老虎哭得很伤心。

"大……王……"猫已经找不到自己的舌头了。

"我想来想去，只有暂借兄弟你的骨头一用了。你我交往好几年，我还真有点儿舍不得呀！"老虎已经哭得像刚从河里爬上来似的。

30   "大王，"自知必死的猫又恢复了清醒，"只要能治好您的病，我愿意为您而死。只是我有妻子儿女，很是放心不下。"

"你的心思我明白，你放心，一切都包在我身上：你死后，我只要你的骨头，你的皮肉我会好好埋在土里。至于你的妻子儿女，我会照顾到底。"老虎安慰着可怜的猫。

"我就怕老狼欺负他们……"猫流着热泪说。

35   "它敢！"老虎愤怒地大吼，"医生说了，我的病每年都要犯一次……"

猫顿时昏死过去。

（根据《马长山寓言》中的《虎猫对饮》改写）

021

重点词语学习

一 | **彼 此** 代词，指人之间双方、那个和这个，和"互相"意思差不多。

1. 彼此帮忙还来不及呢。怎么能互相伤害呢？
2. 我们认识很多年了，彼此非常了解。
3. 我们俩是好朋友，从来不分彼此。
4. 大家彼此之间要多关心，多帮助。

二 | **伤害** 动词，意思是使有生命的东西或人的身体、精神受到危害。做谓语。还有名词的用法。

1. 怎么能互相伤害呢？
2. 这场病使李华的身体受到很大的伤害。
3. 你这种只追求金钱和权力的做法已经伤害了她。

三 | **告辞** 动词，与"告别"意思相近。但"告别"可以带宾语，"告辞"不能带宾语；"告辞"的对象一定是人，"告别"的对象还可以是地方、时间等；"告别"可以做定语（告别宴会），"告辞"不可以。

1. 您要是没什么事，我就告辞了。
2. 我们刚谈了几分钟，张敏有事，就先告辞了。
3. 告别了家乡，我们来到了大西北。
4. 我们很快就要告别学生时代，开始新的生活。

四 | **摇晃** 动词，可以重叠，可带宾语。指人或物体前后或左右来回摇动。

1. 猫摇摇晃晃地问，它喝得有点多了。
2. 那座竹桥走上去摇摇晃晃的，好像很危险。
3. 妈妈抱着孩子轻轻地摇晃着，孩子慢慢睡着了。

五 | **为难** 形容词，意思是觉得不好办、难处理。

1. 我今天叫你来，是有件为难的事要跟你商量。
2. 他觉得很为难，不知道是选择好，还是放弃好。
3. 这件事，你能做就做，不能做就别做，千万别为难。

"为难"还有动词的用法，指有意给人制造麻烦和困难。

4. 他是个老实人，你千万别为难他。
5. 我实在不明白，你为什么要这样为难他！

六 忍 动词，意思是把不愉快的感觉或情绪压下去，不表现出来。一般要带宾语或补语，带宾语时常跟"着"一起用。

1. 猫忍着疼说："大王请讲。"
2. 他忍着饿，继续向前走。
3. 你再忍几分钟，马上就到医院了。
4. 他总是欺负我，我再也忍不下去了。

七 苦恼 形容词，指人心里痛苦或不痛快。常做状语、谓语。

1. "我的尾巴痒得要死。"老虎苦恼地说。
2. 因为和同事关系不好，陈力十分苦恼，整天叹气。
3. 为了选择专业的事，他苦恼了好几天。

八 忍心 动词，意思是说某人能硬着心肠做某事。后带动词性词组，一般用于否定句或表示否定的反问句中。

1. 真是不忍心哪！
2. 我不忍心把这个不幸的消息告诉他。
3. 他那么善良，你怎么忍心伤害他？
4. 你能忍心对一个老人发脾气吗？
5. 他睡得正香，我不忍心叫醒他。

九 交往 动词，不带宾语，可带补语。指人与人之间互相接触来往。

1. 你我交往好几年，我还真有点舍不得呀！
2. 李静性格内向，不轻易和人交往。
3. 我和他交往不多，彼此不太了解。

"交际"与"交往"意思相近，但"交际"多做名词、做定语。

4. 语言是人类的交际工具。
5. 马京生这个人善于交际，他的朋友多极了。

十 舍不得 动词，表示因为爱惜而不愿使用物品或不愿让某人吃苦、离开。

1. 你我交往好几年，我还真有点舍不得呢！
2. 老白从来舍不得买比较贵的衣服。
3. 在北京生活了几年，现在真舍不得离开。
4. 儿女们长大了，一个个要去外地工作，妈妈非常舍不得。

十一　　犯　　动词，指错误或病又一次发生。
　　　　　　　可带宾语或补语。

1. 医生说了，我的病每年都要犯一次。
2. 林兰皱着眉头痛苦地说："我的胃病又犯了，疼得要死。"
3. 周明明吞吞吐吐地告诉妈妈，他在学校又犯错误了。

语法注释

一、既然都是自家兄弟，彼此怎么能互相伤害呢？

"**既然**"，连词，用在复句的前一分句，先提出已存在的现象，后一分句根据现象推出结论。一般用于句首，有时也可用于主语之后。常与"就、也"等配合：

1. 既然犯了错误，就应当承认。
2. 既然是朋友，干吗还这么客气？
3. 你既然来了，就多住几天吧。
4. 你既然一定要去，那就去吧，不过路上要小心。

二、你一杯，**我**一杯，喝了起来。

这里的"**你**""**我**"不是指确定的某个人，是虚指用法，也就是不确定地指代。这种用法在汉语中常见：

1. 晚会上，你唱歌，我跳舞，大家玩得很开心。
2. 同学们你帮我，我帮你，关系都很好。
3. 老师讲完，同学们你一句，我一句，讨论起来。
4. 大家你一个，我一个，一会儿就把橘子吃完了。

025

三、喝着喝着，老虎渐渐皱起了眉头。

"**喝着喝着**"，这种"V着V着"格式，表示动作状态正在进行。其中的动词是同一个单音节动词：

1. 他想着想着，不知不觉睡着了。
2. 说着说着，他激动起来，流出了两行热泪。

如果格式中是两个不同的单音节动词，意思有变化，表示两种动作同时进行：

3. 孩子哭着闹着，要去找妈妈。
4. 大家笑着叫着，高兴得忘了一切。

四、只要有用得着我的地方，就是**再苦再累**，我也不会推辞。

"**再**"修饰形容词，表示程度的增加：

1. 我希望女儿能再长高一点，再长胖一点。
2. 如果公司发展得好，大家的收入就能再多一些。
3. 再苦再累，我也不怕。
4. 这事再难我也一定做好，你放心吧。

五、只要有用得着我的地方，**就是**再苦再累，我**也**不会推辞。

这个句子由两个复句组成，先用"只要……"提出一个条件，这个条件是前提，有了这个条件，就一定会产生后面的结果；再用"就是……"提出另一个条件，这个条件是产生结果的不利条件，强调在这种不利条件下，仍然会产生让人满意的结果，"就是"相当于"即使、哪怕"：

　　1. 只要能治好他的病，就是花再多的钱，也没关系。
　　2. 只要你能说实话，即使说错了，我也不会生气。
　　3. 只要你愿意去，哪怕再忙，我也一定陪你去。
有时也可以将两个条件句的位置换为"就是（即使／哪怕）……，只要……，也……"：
　　4. 就是这次比赛输了，只要你们努力了，也没关系。
　　5. 哪怕条件再艰苦，只要大家彼此互相支持、互相帮助，也一定能完成任务。

六、尾巴痒得要死，整夜睡不好觉。

"要死"用于形容词之后，做程度补语，表示程度非常高。与"要命"用法相同，常可互换，均用于口语中：
　　1. 我感冒了，头疼得要死。
　　2. 我困得要死，得睡觉了。
　　3. 听说要去旅游，大家高兴得要死。

七、我想来想去，只有暂借兄弟你的骨头一用了。

"V来V去"是常用的格式，表示动作行为反复进行持续。单、双音节动词都可以进入这个格式，有时也可做"V去V来"，但后面不可以带宾语：
　　1. 他们商量来商量去，也没想出好办法。
　　2. 打听来打听去，才找到这个地方。
　　3. 看来看去，我也没发现这东西有什么特殊的。
　　4. 我问去问来，他就是不说实话。

八、老虎已经哭得像从河里爬上来似的。

"似的"，助词，常与"像、好像"等词配合使用，也可单独用，表示跟某种事物或情况相似，可用"一样"替换：
　　1. 奶奶坐在沙发上，好像睡着了似的。
　　2. 他看起来像二十几岁似的，其实都快四十了。
　　3. 孩子们像一群小鸟似的，叽叽喳喳地叫着。

九、至于你的妻子儿女，我一定会照顾到底。

"至于"，连词，表示另提一件事，也就是说完一部分后，再提出跟前一部分有联系的另一件事：
　　1. 我们今天只谈工作，至于其他事情，以后再抽空谈。
　　2. 这些问题我们正在想办法一一解决，至于解决得是否妥当，要听听大家的意见。
　　3. 我决定这样做，至于你怎么选择，完全由你自己决定。
　　4. 你只要从你自己的角度考虑这件事就行了，至于别人，你就不用考虑了。

练习

一、给下列形似字注音并组词：

| 吞 | 往 | 欺 | 恼 | 惊 | 敢 | 舍 |
| 舌 | 住 | 期 | 脑 | 凉 | 取 | 合 |

二、选词填空：

（欺负　推辞　为难　清醒　惊慌　彼此　苦恼　忍　弄　捎）

1. 既然大家都这么热情地请你去，你就不要＿＿＿＿＿＿了。
2. 几分钟之后，猫终于＿＿＿＿＿＿过来了。
3. 刘丹让我给小莉＿＿＿＿＿＿去一本书。
4. 你是哥哥，怎么能＿＿＿＿＿＿妹妹呢？
5. 有什么＿＿＿＿＿＿的事，说出来我们帮你想办法。
6. 李伟不小心把手＿＿＿＿＿＿破了，流了很多血。
7. 小偷一看警察来了，非常＿＿＿＿＿＿，赶快往胡同里跑。
8. 他这几天看起来心情不好，不知道有什么＿＿＿＿＿＿的事。
9. 你要喝水？再＿＿＿＿＿＿一会儿，回家喝吧。
10. 你们一起出国留学，＿＿＿＿＿＿要互相关心，互相照顾。

027

三、同义词填空：

1. 他这个人不老实，我们不愿意和他＿＿＿＿＿＿。（交往　交际）
2. 他们俩＿＿＿＿＿＿了一年多，彼此感情越来越好，就结婚了。（交往　交际）
3. 老张是个孤独的人，从来不参加任何＿＿＿＿＿＿活动。（交往　交际）
4. 我还有事，先＿＿＿＿＿＿了，你们继续玩。（告别　告辞）
5. 三年前，金美珍＿＿＿＿＿＿了父母，来到中国留学。（告辞　告别）
6. 我喜欢这个作家，是他的＿＿＿＿＿＿读者。（老实　忠实）
7. 张小龙是个＿＿＿＿＿＿的人，你完全可以相信他。（老实　忠实）
8. 你＿＿＿＿＿＿告诉我，你们之间到底发生了什么事？（老实　忠实）
9. 今晚这个歌手在体育馆举行＿＿＿＿＿＿演出。（告辞　告别）

四、给括号里的词语选择合适的位置：

1. 你们 A 打败了 B 上海队，C 就一定能 D 打败北京队。（既然）
2. A 我们 B 准备暑假去旅行，C 去什么地方，D 还没最后决定。（至于）
3. A 我 B 追问了好半天，他 C 才 D 说了实话。（吞吞吐吐）
4. A 只要能 B 提高听力，C 星期天不休息，D 我也愿意。（就是）
5. 猫 A 喝酒喝多了，B 地走过来，C 向老虎 D 告辞。（摇摇晃晃）
6. 现在虽然是冬天 A，可这几天特别 B 暖和 C，好像春天 D。（似的）
7. 你 A 不会 B 做这个题，C 为什么 D 不去问老师呢？（既然）
8. A 我们一定帮你找，B 能否找到，C 我 D 也不敢保证。（至于）

9．A 我 B 只谈谈我的看法，C 是否正确，D 请大家讨论。（至于）

10．小华 A 这几 B 天 C 天玩电脑游戏，D 连作业也不做了。（整）

11．A 这两个词的区别我还没 B 懂，你 C 再给我 D 讲讲。（弄）

12．我这儿 A 有 B 一封信，请你 C 回去时 D 给小王。（捎）

五、用括号里的词改写句子：

1．这个问题我反复考虑，还是决定放弃。（V 来 V 去）

2．这个谜语，我猜了半天，怎么也猜不着。（V 来 V 去）

3．他正在路上走，忽然下起了大雨。（V 着 V 着）

4．他躺在床上看书，看了一会就睡着了。（V 着 V 着）

5．下课后我们小组打扫教室，有的人扫地，有的人擦桌子，一会儿就把教室打扫得干干净净。
（你……，我……）

6．大家每人吃了一个，一袋苹果一下子就吃完了。（你……，我……）

7．这两天为工作的事，他很苦恼，从早晨一直到晚上都不说一句话。（整天）

8．老张不愿意花那么多钱买一件衣服。（舍不得）

9．李华和张明长得很像，大家都说他俩好像亲兄弟一样。（似的）

10．已经来到中国，你为什么不去长城呢？（既然）

11．你喜欢她，就应当，告诉她。（既然）

12．困难不可怕，如果你付出努力，就一定能克服它。（只要……就……）

六、完成下列句子：

1．既然＿＿＿＿＿＿＿＿＿＿＿＿＿＿＿＿＿，为什么不去医院看病呢？

2．既然是朋友，＿＿＿＿＿＿＿＿＿＿＿＿＿＿＿＿＿＿＿＿＿＿。

3．只要＿＿＿＿＿＿＿＿＿＿＿＿＿＿＿＿＿＿，我一定不会轻易放弃。

4．只要你肯努力，就是＿＿＿＿＿＿＿＿＿＿＿，也一定会成功。

5．只要＿＿＿＿＿＿＿＿＿＿＿＿，就是价钱再贵，＿＿＿＿＿＿＿＿＿＿＿＿＿＿。

6．只要他敢欺负你，＿＿＿＿＿＿＿＿＿＿＿＿＿＿＿＿＿＿＿＿＿＿＿＿。

7．就是今晚不睡觉，＿＿＿＿＿＿＿＿＿＿＿＿＿＿＿＿＿＿＿＿＿＿＿＿。

8．听了他的话，大家你＿＿＿＿＿＿＿＿，我＿＿＿＿＿＿＿＿，谁都不说话。

9．同学们你＿＿＿＿＿＿＿＿，我＿＿＿＿＿＿＿＿，讨论得非常热烈。

10．我想来想去，＿＿＿＿＿＿＿＿＿＿＿＿＿＿＿＿＿＿＿＿＿＿。

七、用括号里的词语回答问题：

1．小王，你能帮我一个忙吗？（推辞）

2．你认识三班的麦克吗？（交往）

3．你和玛丽熟悉吗？（彼此）

4．昨晚你去王老师家了吗？（告辞）

5．你喜欢邓丽君的歌吗？（忠实）

6．这个句子的意思你明白了吗？（弄）

7．你找到村田了吗？（四处）

8．叶兰最近学习成绩比以前差了，是怎么回事？（放松）

9. 这枝钢笔真漂亮，在哪儿买的? （舍不得）

10. 你怎么了? 喝酒喝醉了吧? （清醒）

八、语段填空:

（颤抖　抽空　忍心　可是　一句　苦恼　很为难
治好　小心翼翼　流着眼泪　喝着喝着　舍不得）

　　老虎请猫　1　过来喝酒，　2　，老虎　3　地叹了一口气，猫　4　地问:"大王有什么地方不舒服吗?"老虎　5　说:"有件事我觉得　6　，想和你商量商量。我得了一种奇怪的病，需要猫骨头煮水才能　7　。"猫听了吓得全身　8　，　9　话也说不出来。老虎放声大哭:"你是我的兄弟，我怎么能　10　用你的骨头呢? 我真的　11　你呀，　12　我没有别的办法呀!"

九、用自己的话把老虎和猫的故事讲一遍。

十、把课文改写成 200～300 字短文，用上下列词语:

喝酒　整夜　叹气　苦恼　犯　为难　流着眼泪

猫和老虎

很早以前，老虎和猫一同住在深山里。它们虽然是表兄弟，长得也很像，又留着同样的小胡子。不过，猫表弟比起虎表哥来，真是差得太远了。老虎长得又大又壮，大声一吼，地都会摇晃。老虎的爪子和一口尖牙更是厉害，没有哪个动物不怕它。可猫呢，长得又瘦又小，声音也小，爪子也没力气，很难抓到小动物。所以，猫总是跟在虎表哥后面，遇到了危险，它
5　就往树上一跳，老虎抓到了小动物，就叫猫一起吃。就这样，猫靠着老虎生活，没有老虎，它就得饿肚子。

由于经常往树上跳，时间长了，猫就练出了跳得高、爬得快的本领。老虎很羡慕，就对猫说："表弟，你教我怎么爬树吧！我也很想学学。"

可是猫摇摇头说："好呀！不过，你得先教我怎么吼叫，怎么抓小动物的方法。如果我先
10　教你，到时候你不肯教我，我可是一点办法都没有。"

老虎同意了。就把怎么竖起毛瞪大眼睛、露出牙齿大声吼叫，怎么弓起背、伸出爪子用力往前扑的方法全教给了猫。猫很快就学会了。

"现在，该你教我怎么爬树了！"老虎说。

猫心里想："爬树可是我最高的本领，怎么能教你呢？"于是它打了个哈欠（yawn），说：
15　"表哥，天都快黑了，明天再学吧！爬树的方法不好学，要用一整天的时间才学得会。"

老虎不知道猫在骗它，就同意第二天再学。第二天天一亮，老虎就去找猫。猫却躺在太阳下，皱着眉头说："哎呀，昨天我吃得太饱，弄坏了肚子，没有一点精神，明天再教好吗？"

老虎看猫难受的样子，只好说："好吧，明天我再来找你。"

老虎一走，猫就收拾行李，准备搬到另一座山上去。没想到半路碰上了老虎。老虎气得
20　大叫："你敢骗我！还想溜走，看我怎么收拾你！"猫吓得一下子爬上了树。老虎又吼又跳，可就是上不了树。于是，猫就从这棵树跳到那棵树，一路往山下逃去，一直跑到有猎人（hunter）住的地方，才松了一口气，跳下树，跑进猎人家去。

从此以后，猫就一直跟着人住，再也不回山里去了。不过，猫始终怕老虎会来找它，所以，它的行动总是特别小心，走起路来躲躲藏藏，一点声音也没有。

（据《东方童话》改写）

练习：

请复述这个故事。

第三课

爱的故事

提示：

　　"爱"是一种美好的感情，只要人人心中充满爱，只要人人都献出一点爱，世界将变成美好的人间。这两篇课文给我们讲了两个关于"爱"的小故事。让我们向亲人，向朋友，向所有需要帮助的人献出我们的爱吧！

生 词

1. 钻石　　zuànshí　（名）价值很高的金刚石　diamond
2. 旱灾　　hànzāi　（名）因为缺水而造成的自然现象　drought
　　　　　　≈ 水灾
3. 树木　　shùmù　（名）树的总称　tree
4. 干枯　　gānkū　（形）植物因缺水或寒冷叶子变黄变干
5. 干旱　　gānhàn　（形）因缺水而造成的土地、气候干燥　dry, drought
6. 罐　　　guàn　（名）一种装水或食物的东西　jar, pot
7. 喜出望外　xǐchūwàngwài　对没想到的喜事特别高兴
8. 一口气　yìkǒuqì　不停地做某件事。如：一口气说完、一口气跑到家　in one breath
9. 懂事　　dǒngshì　（形）明白道理，能为别人着想或服务　sensible, intelligent
10. 匆忙　　cōngmáng　（形）行动急而快　hastily, in a hurry
11. 留意　　liúyì　（动）注意、小心。如：特别留意、没留意　be careful
　　　　　　≈ 注意
12. 端正　　duānzhèng　（形）不歪不斜。如：字迹端正、五官端正　upright, proper
13. 手掌　　shǒuzhǎng　（名）plam
14. 欢喜　　huānxǐ　（形）快乐、喜欢　joyful, happy
15. 心疼　　xīnténg　（动）特别喜欢、舍不得。如：很心疼、心疼孩子　to love deerly
16. 犹豫　　yóuyù　（形）拿不定主意　hesitant, irresolute
17. 涌　　　yǒng　（动）水或云、雾大量流出或冒出　to gush, to well
18. 股　　　gǔ　（量）用于水、力量、味道等
19. 清　　　qīng　（形）液体或气体很干净，没有别的成分　pure, clear
20. 天空　　tiānkōng　（名）天上、地球以外的广大空间　sky, heaven
21. 情感　　qínggǎn　（名）感情　emotion, feeling
22. 沉　　　chén　（动）在水里往下落　sink

←→浮

23．**富裕**　fùyù　（形）财物多。如：很富裕、富裕的家庭　prosperous
　　　←→贫穷

24．**艘**　sōu　（量）用于船。如：一艘轮船

25．**舒适**　shūshì　（形）因条件好而感到舒服愉快　cosy, comfortable
　　　≈舒服

26．**好多**　hǎoduō　（形）很多

27．**财宝**　cáibǎo　（名）金银等价值高的东西　wealth

28．**无能为力**　wúnéngwéilì　　没有力量或力量达不到

29．**虚荣**　xūróng　（形）表面让人羡慕的情况，但不是真实的　vanity

30．**华丽**　huálì　（形）衣物、房间美丽而有光彩　magnificent

31．**透**　tòu　（动、形）光线、气体、液体穿过；程度高　to pass through; throughly

32．**冷淡**　lěngdàn　（形）态度不热情、不亲热、不关心　cheerless
　　　←→热情

33．**赶忙**　gǎnmáng　（副）赶快　hurry
　　　≈连忙　急忙

34．**歌唱**　gēchàng　（动）唱歌；也指用歌或语言来称赞。如：歌唱祖国　eulogize

35．**发愁**　fāchóu　（动）因为遇到困难没有办法而感到苦恼　to worry

36．**温和**　wēnhé　（形）天气不冷不热；态度亲切。如：气候温和、态度温和　mild

37．**靠近**　kàojìn　（动）向某人或某物移动接近　to draw near

38．**登**　dēng　（动）由低处到高处。如：登山、登上　to ascend

39．**陆地**　lùdì　（名）土地　dryland

40．**独自**　dúzì　（副）单独一个人　alone
　　　≈单独

41．**竟然**　jìngrán　（副）没有想到或跟所想的不一样　unexpectedly
　　　竟－竞

42．**伟大**　wěidà　（形）事业规模很大或人的品质高尚　great

43．**考验**　kǎoyàn　（动、名）通过某种方式来检查　to try; test

（一）七颗钻石

很久很久以前，在地球上发生过一次大旱灾：所有的江河和水井都干了，绿草和树木也都干枯了，许多人和动物都因干旱而死。

一天，一个小姑娘拿着水罐走出家门，为她生病的母亲去找水。小姑娘走呀走呀，走了很多地方，到处找不到水，累得倒在草地上睡着了。当她醒来的时候，拿起罐子一看，罐子里竟装满了干净新鲜的水。小姑娘喜出望外，真想一口气喝个够，但又一想，这些水还要给妈妈喝呢。于是，懂事的小姑娘忍着渴，赶紧抱着水罐跑回家去。路上，她太匆忙，没有留意脚下有一只小狗，一下子摔倒在它身上，水罐也掉在了地下。小狗悲哀地尖叫起来。小姑娘赶紧去捡水罐。

她以为，水一定都洒了，但是没有，罐子端端正正地在地上放着，罐子里的水还满满的。小姑娘把水倒在手掌里一点，小狗把水喝干净了，变得欢喜起来。当小姑娘再拿水罐时，木头做的水罐竟变成了银的。小姑娘把水罐带回家，交给了母亲。母亲心疼地对女儿说："我反正就要死了，还是你自己喝吧。"又把水罐递给小姑娘。就在这时候，水罐又从银的变成了金的。小姑娘渴得实在受不了了，正想抱着水罐喝一口，这时突然从门外走进来一个又渴又累的过路人，想要水喝。小姑娘犹豫了一下，忍住渴，把水罐递给了这过路人。这时突然从水罐里跳出了七颗很大的钻石，接着从里面涌出了一股清水。

那七颗钻石越升越高，升到了天空，变成了七颗星星，这就是人们所说的北斗七星（the Big Dipper）。

（据列·托尔斯泰的同名文章改写）

（二）"爱"和"时间"的故事

从前有一个小岛，上面住着快乐、悲哀、知识和爱，还有其他各种情感。

一天，情感们听说小岛快要下沉了。于是，大家都准备乘船，离开小岛。只有爱还不想走，她想坚持到最后一刻。

过了几天，小岛真的开始下沉了，爱不得不想办法离开这儿，于是，开始找人帮忙。

这时，富裕乘着一艘舒适的大船经过。

爱说："富裕，你能带我走吗？"

富裕冷冷地答道："不，我的船上有好多好多金银财宝，没有你的位置。你找别人吧，我无能为力。"

爱看见虚荣在一艘华丽的小船上，"虚荣，帮帮我吧！"

"我帮不了你。你全身都湿透了，会弄坏我这漂亮的小船。"虚荣的态度也很冷淡。

悲哀的船过来了，爱赶忙向她求助："悲哀，让我跟你走吧！"

"唉！爱，别打扰我！我实在太悲哀了，想自己一个人静静！"悲哀答道。

快乐的船走过爱的身边，但是她正在快乐地歌唱，没有听见爱在叫她！

爱发愁了，突然，传来一个温和的声音："过来！爱，我带你走。"

这是一位老人，划着一只小船，靠近了爱。爱喜出望外，连忙登上了老人的小船。小船安全地到达了陆地，老人独自走了。爱因为太高兴了，竟然忘了问老人的名字。

爱非常感激这位好心的老人，想知道他究竟是谁，于是，去问另一位老人——知识："帮我的那个老人是谁？"

"他是时间。"知识老人答道。

"时间？"爱问道，"时间为什么要帮我？"

知识老人笑道："因为只有时间能理解爱有多么伟大。"

时间能理解爱，时间也能考验爱。

重点词语学习

一）**懂事** 形容词，形容人明白道理，能为别人着想，关心体贴别人。多用来形容小孩和年轻人。多做谓语、定语。

1. 懂事的小姑娘忍着渴，赶紧抱着水罐跑回家去。
2. 他是个懂事的孩子，爸爸妈妈都喜欢她。
3. 年轻人一点也不懂事，从来不帮家里干活。
4. 女儿懂事了，知道心疼爸爸妈妈了。

二） 形容词，意思是高兴、快乐。可以重叠为"欢欢喜喜"，多做谓语、状语。

1. 小狗把水喝干净了，变得欢喜起来。
2. 看到儿女们都回来了，老人很欢喜。
3. 圣诞节那天，同学们欢欢喜喜地唱歌、跳舞，庆祝节日。
4. 王兰欢喜地告诉大家："中国队得了冠军！"

"喜欢"和"欢喜"的意思和用法都有不同，"喜欢"是动词，表示喜爱，可以带宾语。

5. 我送给他一枝圆珠笔，他很喜欢。
6. 他喜欢吃川菜，不喜欢吃粤菜。

035

三） 动词，意思是因为关心喜欢某人而舍不得让他吃苦或离开，或指因为喜欢某物而舍不得使用。可做谓语、状语。

1. 妈妈心疼地对女儿说："还是你自己喝吧！"
2. 小明的头摔破了，妈妈心疼地抱着他，难过地哭了。
3. 在几个孩子中，妈妈最心疼小妹，因为小妹最懂事。
4. 你想吃什么就买，别心疼钱！

四）**犹豫** 形容词，意思是拿不定主意，不能做决定。可以重叠。多做谓语、状语。

1. 小姑娘犹豫了一下，把水罐递给了这个过路人。
2. 快决定吧，别犹豫了！
3. 他做事总是犹豫来犹豫去的，不像个男人！
4. 他犹犹豫豫地说："我还没想好呢。"

五 舒适 形容词，意思是因满意而感到舒服愉快。用于形容生活条件、环境。多做谓语、定语。

1. 富裕乘着一艘舒适的大船经过。
2. 他一直在舒适的环境中生活，根本无法适应这种艰苦的生活。
3. 这件衣服看起来不怎么样，可穿起来很舒适。
4. 这里的条件太舒适了，我们很满意。

"舒服"与"舒适"意思相近，但"舒服"除了指生活、环境外，还可以指人的感觉轻松愉快；"舒服"还可以重叠。

5. 打完球，洗个澡，舒服极了。
6. 忙了一天，舒舒服服地睡一觉，身体就恢复了。

六 冷淡 形容词，形容人的态度不热情，不关心。反义词为"热情"。可做谓语、定语、状语。

1. 虚荣的态度也很冷淡。
2. 他对人比较冷淡，大家都不太愿意和他交往。
3. 看他那冷淡的样子，我立刻就告辞了。
4. 他冷淡地对我点点头，就走了。

"冷淡"还可以做动词。

5. 他是我的朋友，你对他热情点，别冷淡了人家。
6. 他生我的气，冷淡了我几个月。

七 发愁 动词，形容人因为遇到困难无法解决而感到苦恼。多做谓语、状语。

1. 爱发愁了。
2. 考上了大学，却交不起学费，李建国发愁极了。
3. 你发什么愁呢？孩子已经长大了，他有能力保护自己。
4. 王宁皱着眉头，发愁地说："这可怎么办呢？"

八 温和 形容词，形容人的态度言语不厉害，使人感到亲切，也可形容气候不冷也不热。可做谓语、定语、状语。

1. 突然，传来一个温和的声音。
2. 老师温和地对我说："请坐，别紧张！"
3. 警察态度温和，仔细地检查了我们的护照。
4. 昆明气候温和，是中国的春城。
5. 批评人时，温和的言语，容易被人接受。

九 | **伟大** | 形容词，形容人的思想品质好、做出了很大的贡献，值得大家尊敬；也可形容事业、建筑物规模大。

1. 只有时间能理解爱有多么伟大。
2. 李白、杜甫是中国唐代伟大的诗人。
3. 改革开放以来，中国取得的成就是伟大的。
4. 只有亲眼看一看，才能体会到长城的伟大。

十 | **考验** | 动词，指用某种方法来检查人的能力、水平或事物的质量；名词，指用来检查能力、水平、质量的具体事物、环境、行为。

1. 时间能理解爱，时间也能考验爱。
2. 让她单独接待外宾就是考验她的语言水平和交际能力。
3. 这次去原始森林探险，对我们每个人的身体和精神都是一次考验。
4. 危险和困难对年轻人是最好的考验。

语法注释

一、许多人和动物都**因**干旱**而**死。

"**因……而**"，常用格式，表示因果关系，"因"之后是原因，"而"之后是结果。也可做"因为……而"，多用于书面：

1. 陈平因成绩优秀而获得了奖学金，我要向他学习。
2. 老虎因尾巴痒而睡不好觉。
3. 老张因愤怒而全身颤抖，大家连忙安慰他。
4. 上海队的张明因受伤而不能参加比赛。

二、罐子里**竟**装满了干净新鲜的水。／ 爱因为太高兴了，**竟然**忘了问老人的名字。

"**竟**""**竟然**"都是副词，做状语，都表示没有想到或跟所想的不一样。常可互换。用在动词短语或形容词短语前面，常与"没想到、不料"配合：

1. 我吃了一惊，他竟最后放弃孔雀！
2. 没想到他竟忍心伤害老人。
3. 这么重要的事，他竟然会忘了。
4. 不料吃了药之后，病竟然越来越重了。

三、小姑娘喜出望外，真想**喝个够**。

"**喝个够**"是口语中常用的格式，表示满足需要、达到最大限度。其中的动词多是单音节动词，如：吃、喝、玩、踢、哭、笑等。

1. 好久没喝酒了，今天和老王一起喝了个够。
2. 今年暑假我们去了许多地方，玩了个够。
3. 要吃就吃个够，多花点钱没关系。
4. 这里没有别人，想哭你就哭个够。

四、我**反正**要死了，还是你自己喝吧。

"**反正**"，副词，做状语。一般用在复句中。"反正"分句可以在前，也可以在后。"反正"可以在主语前，也可以在主语后。有两种主要用法：

(1) 强调在任何情况下结果都不会改变，常与"无论、不管"配合使用：

1. 不管你怎么解释，反正我不会原谅你。
2. 反正我们一定会把这件事弄清楚的，你不说也没关系。
3. 你同意也好，不同意也好，我反正一定要去。

(2) 说明情况或原因，语气坚决肯定：

4. 我去送你吧，反正我今天没什么事。
5. 反正已经出来了，就多玩几天吧。
6. 反正已经失败了，哭也没用。

五、上面住着快乐、悲哀、知识和爱。　/　突然，传来一个温和的声音。

这两个句子是汉语的存现句，表示在某地存在、出现或消失了什么人或物。存现句的句型是：处所词语＋动词＋数量词＋名词。有时，句首的处所词语可以省去。要注意的是，这种句子，谓语动词后面一般都要有其它成分，如"着、了"或补语；另外，在表示出现的句子中，名词不能是某个确定的人或物。存现句可以变换：

1. 这里住着很多富裕的人。　　—— 很多富裕的人住在这里。
2. 天上飞着一只鸟。　　　　　—— 一只鸟在天上飞。
3. 走过来一个又累又渴的过路人。　—— 一个又累又渴的过路人走过来。
4. 走出来一个穿着华丽衣服的姑娘。 —— 一个穿着华丽衣服的姑娘走过来。
5. 前面站着一个人。　　　　　—— 一个人在前面站着。

六、你全身都湿透了，会弄坏我这漂亮的小船。

"透"形容词，常用在动词、形容词之后作补语，表示达到完全彻底的程度。但与"透"组合的动词、形容词数量不多，常用的Ｖ透、Ａ透有：恨透、摸透、看透、讲透、说透、弄透、理解透、研究透、钻研透；湿透、凉透、熟透、糟透、红透、坏透、可恶透、伤心透、苦恼透、奇怪透等：

1. 要把文章的意思理解透，才能做出正确选择。
2. 这几个词的用法，老师还没有讲透。
3. 因为工作不顺利，小刘苦恼透了。
4. 他多次伤害妻子，妻子已经伤心透了。

七、爱赶忙向她求助　/　她太匆忙　/　小姑娘急忙去捡水罐　/　爱连忙登上了老人的船

"赶忙""匆忙""急忙""连忙"的意思相近，都可做状语，表示人的动作行为很着急、很快。有时可以互换。但又有区别："匆忙""急忙"是形容词，可以重叠，"赶忙""连忙"是副词，不可重叠；"匆忙"可以受程度副词修饰（很匆忙、非常匆忙），其余三个不可；"匆忙"含有时间紧的意思，其它三个词主要表示行动快：

1. 看到妹妹提着一个大箱子摇摇晃晃地走过来，他赶忙跑过去接过了箱子。
2. 老李下班回来后直叹气，妻子急忙问他有什么为难的事。
3. 朋友哈哈大笑，我连忙问："有什么好笑的？"
4. 小英和小华约好了去看电影，他们急急忙忙吃了饭就走了。
5. 他把东西交给我，就匆匆忙忙地走了。
6. 走得太匆忙，我连钱包都忘了带。

"赶快、赶紧"也是副词，与"赶忙"意思、用法相近，但"赶快、赶紧"可用在祈使句中，表示请求或命令，"赶忙、连忙、急忙、匆忙"都不可：

7. 赶快跑！不然就要迟到了。
8. 他病得不轻，你们赶紧把他送到医院去！

八、小船安全地到达了陆地，老人独自走了。

"独自"，副词，作状语，意思是自己一个人：

1. 你怎么能让孔雀独自呆在危险的环境中呢？
2. 他向大家告辞，一个人独自走了。

"单独"与"独自"意思相近,但"独自"只用于人,"单独"还可以用于事物;"独自"一般不用于祈使句,"单独"可以:

3.我的自行车是新的,单独放在一边。

4.这两包绿茶单独包,其余几包红茶包在一起。

5.请你单独到我办公室来一趟,我要跟你谈谈。

练习

一、 给下列形似字注音并组词：

| 升 | 倒 | 旱 | 洒 | 因 | 犹 |
| 开 | 到 | 早 | 酒 | 困 | 优 |

| 岛 | 渴 | 淡 | 艘 | 清 | 枯 |
| 鸟 | 喝 | 谈 | 船 | 情 | 估 |

二、 给加色字注音：

摔倒＿＿＿　　倒水＿＿＿　　倒数＿＿＿　　昏倒＿＿＿　　干枯＿＿＿　　干部＿＿＿

干活＿＿＿　　干旱＿＿＿　　快乐＿＿＿　　音乐＿＿＿　　乐曲＿＿＿　　欢乐＿＿＿

三、 选择填空：

1. 休息的时候，喝一杯又浓又香的热咖啡，真＿＿＿＿＿＿！
   A.心疼　　　B.舒适　　　　C.舒服　　　　D.热情

2. 著名的蒙古族歌手写了一首好听的歌，＿＿＿＿＿＿美丽的大草原。
   A.唱　　　　B.理解　　　　C.唱歌　　　　D.歌唱

3. 一个人在国外生活，有时会觉得有点＿＿＿＿＿＿。
   A.独自　　　B.单独　　　　C.独立　　　　D.孤独

4. 他无论对谁都是＿＿＿＿＿＿的，所以大家都不愿和他来往。
   A.吃惊　　　B.冷冷　　　　C.冷　　　　　D.热情

5. 他不吃肉，我得＿＿＿＿＿＿给他做菜。
   A.单独　　　B.独自　　　　C.孤独　　　　D.不得不

6. 杨建准备暑假＿＿＿＿＿＿去西藏旅行。
   A.孤独　　　B.独自　　　　C.探险　　　　D.竟然

7. 我们向他求助，他对我们态度很＿＿＿＿＿＿。
   A.冷淡　　　B.冷冷　　　　C.虚荣　　　　D.无能为力

8. 我买了一张＿＿＿＿＿＿的床，睡上去很舒服。
   A.温和　　　B.舒适　　　　C.适应　　　　D.虚荣

9. 来上课时太＿＿＿＿＿＿，竟然忘了带课本。
   A.急忙　　　B.赶忙　　　　C.连忙　　　　D.匆忙

10. 看到老师皱眉头，小智＿＿＿＿＿＿问："我答得不对吗？"
    A.匆忙　　　B.匆匆忙忙　　C.连忙　　　　D.急急忙忙

11. 周先生＿＿＿＿＿＿地走了，好像有什么急事似的。
    A.赶忙　　　B.赶紧　　　　C.急急忙忙　　D.连忙

12. 小梅昏过去了，咱们＿＿＿＿＿＿把她送医院去！
    A.赶忙　　　B.赶紧　　　　C.急忙　　　　D.连忙

13. 这种轻音乐听起来很＿＿＿＿＿＿。
    A.舒适　　　B.华丽　　　　C.舒服　　　　D.温和

14. 这件衣服掉颜色，要_____洗。
   A.独自   B.自己   C.独立   D.单独

15. 今天上街买东西，没想到手机竟然被偷走了，真是糟_____了！
   A.忍   B.呆   C.股   D.透

四、选词填空：

(心疼　天空　温和　考验　端正　树木　手掌　干旱　伟大　喜出望外)

1. 妈妈总是要求我：站要站得直，坐要坐得_____。
2. 要想做出_____的贡献，就必须付出艰苦的努力。
3. 小偷再狡猾，也难逃出警察的_____。
4. 他家的院子里种满了花草_____，像个小花园。
5. 刘老师说话的声音很_____，让人听起来很舒服。
6. 买双鞋就花了五百多，妈妈知道了肯定_____。
7. 没想到在这里见到了老朋友，马先生_____。
8. 草原上的_____特别蓝，水特别清，空气特别好。
9. 他是我忠实的朋友，我们的友谊是经过长时间_____的。
10. 今年夏天，北方一些地区很长时间不下雨，非常_____。

(涌　登　股　艘　罐　懂事　华丽　冷淡　留意　虚荣　歌唱)

11. 小王来没来，我没_____，你问别人吧。
12. 这首诗_____了普通的劳动者。
13. 他对人很_____，我不喜欢和他交往。
14. 你已经二十多岁了，怎么还这么不_____？
15. 花园酒店的房间很_____，也很舒适。
16. 这个姑娘_____心很强，借钱也要买名牌服装。
17. 中午12点，我们_____上了泰山的最高处。
18. 门一开，孩子们就从里面_____出来了。
19. 我要了一_____可口可乐，他要了一_____啤酒。
20. 这_____轮船马上就要开了，快点上船吧！

五、回答问题，用上括号里的词：

1. 最近几年，你家的生活怎么样？（富裕）
2. 王伟暑假是去东部登山还是去西部探险？（犹豫）
3. 你的女朋友过生日，你准备送她什么礼物？（钻石）
4. 这个湖里的水干净不干净？（清）
5. 你准备和谁一起去桂林旅游？（好多）
6. 这件事我很发愁，你能不能想办法帮帮我？（无能为力）
7. 青蛙只能生活在水里，是不是？（陆地）
8. 李雪住在什么地方？（靠近）
9. 老张的儿子你见过吗？怎么样？（懂事）
10. 你的作文写完了吗？（发愁）

六、把下列句子改成存现句：

1．几个小孩从前面跑过来。
2．一辆汽车从旁边开过去。
3．一个老人坐在公园的椅子上。
4．一阵音乐声从屋里传出来。
5．一幅画挂在左边的墙上。
6．一只小鸟停在草地上。

七、给括号里的词选择合适的位置：

1．A 你这么 B 浪费水，我 C 真感到 D！（心疼）
2．李小宁 A 把 B 东西交给 C 我，D 就走了。（匆忙）
3．A 下雨 B 了，C 妈妈 D 把衣服收回来了。（赶忙）
4．陈明 A 准备 B 暑假 C 去云南 D 旅行。（独自）
5．A 这么 B 简单的题，C 他 D 不会做。（竟然）
6．我 A 看 B 了他，他 C 只会欺负 D 老实人。（透）
7．船底 A 有个洞，海水涌 B 进船，船 C 很快就 D 下水去了。（沉）
8．A 巴尔扎克是 B 法国 19 世纪 C 的 D 文学家。（伟大）

八、判断下列句子哪些对，哪些错，并改正错的句子：

1．前面走过来张老师。
2．墙上挂着中国地图。
3．屋子里走出来玛丽。
4．门口停一辆汽车。
5．椅子上坐着奶奶。
6．桌子上放一个花瓶。
7．上课铃响了，大家赶忙走进教室。
8．你连忙走吧，汽车在外边等着呢！
9．李老师让你赶忙去办公室。
10．反正你同意还是不同意，我都要去。

九、用括号里的词完成句子：

1．他说今天一定来，_____。（竟然）
2．以前这里是个穷地方，_____。（富裕）
3．看到一位老人上车，小王_____。（赶快）
4．_____，还是决定单独去试试。（犹豫）
5．_____，赶快去吃饭吧！（受不了）
6．_____，我跟你一起去吧。（反正）
7．无论你说什么，_____。（反正）
8．等我考完试，_____。（V 个够）
9．病好了以后，我一定_____。（V 个够）
10．_____，请你原谅。（无能为力）

十、综合填空：

很早以前，有一年，一直不下雨，非常干旱，树木都__1__了，很多人没有水喝，都死了。有一个小姑娘独自出门去给生病的妈妈找水。她四处__2__，找不到水。她又累又渴，倒在草地上睡着了。她醒来之后，发现水罐里__3__装满了清水，小姑娘喜出望外。她虽然渴得__4__，可她一口水也__5__喝，赶紧抱着水罐回家去。__6__，碰到了一个过路人，这个人渴得快要__7__了，小姑娘急忙给他喝水，他喝了水，立刻就清醒过来了。在困难的时候，这个小姑娘能为别人着想，关心别人，这种精神是__8__的。

1. A.干旱   B.干枯   C.旱灾   D.干
2. A.找一找 B.找找   C.找一下 D.找呀找呀
3. A.竟   B.竞   C.究竟   D.也
4. A.极了   B.透   C.死   D.受不了
5. A.舍得   B.舍不得 C.不愿意 D.不想
6. A.走来走去 B.走着   C.找呀找呀 D.走着走着
7. A.昏过来 B.昏过去 C.清醒   D.清醒过来
8. A.懂事   B.考验   C.欢喜   D.伟大

十一、语段填空：

（耐心地 苦苦地 机会 实在 经常 努力 其实 结果 放弃）

我们__1__遇到这样的事，一个人为一个目标__2__等待了许多年，他后来__3__坚持不住了，就不再等待了。__4__，他刚走，那个目标就出现了。

有很多人__5__了很多年也没有成功，就自动__6__了。__7__，这个时候，成功离他只有一步了。在很多时候，__8__就在前边，关键是要__9__等待和发现。

十二、每个同学讲一个关于北斗星或银河（Milky Way）的小故事。

十三、把《七颗钻石》缩写成一段话。（50～80字）

北斗七星的故事

有一位老人，给青年人讲过一个这样的故事：

很久很久以前，有七个兄弟，他们的父亲已经去世多年，他们和妈妈住在山脚下的一间小小的房子里。七兄弟勤劳能干，生活虽然不太富裕，但很快乐。七兄弟非常爱他们的妈妈，他们希望妈妈永远快乐。

5　后来，他们发现妈妈不快乐。她总是无精打采，愁容满面。还听到她自言自语："哎，我冷，真冷！"弟兄们把屋子弄得暖暖的，又给妈妈买来许多好吃的东西；可是，她依然闷闷不乐。

有一天，老大半夜里醒来，他想去看看妈妈睡得好不好，可是，他惊奇地发现，妈妈的房间里空无一人。后来，在天亮之前，妈妈回来了，她走进厨房准备早饭。第二天，老大假10　装睡着了，当他听见妈妈又推门出去时，他就赶紧起来，悄悄地跟在她后面。他看见妈妈走过一条小溪，又走上一条小路，那条小路通向一个老汉的家，那老汉是靠做鞋为生的，他的妻子也已去世多年了。老大看见老汉拉着他妈妈的手，走进小屋，他们轻声地谈起话来。

老大明白了，妈妈太孤单了，需要有个像她这样年纪的人一起说说话。他急匆匆地跑回家，把几个兄弟叫醒，把他看到的告诉他们。兄弟们立即商量起来："我们需要为她做些事。"15　"我们在小溪上修一座桥吧！""对，说做就做。但我们不能让她知道那是我们修的。她要是知道我们已经看见他和鞋匠老汉见面，会不好意思的。""那我们赶快动手吧，在她回家之前，我们就把桥修好！"兄弟们跑到小溪边，很快在水上修起了一座漂亮的石板桥。然后，他们就回家，躺下睡觉。

他们的妈妈看见这个石板桥，别提有多么惊讶了，她感谢老天："请老天保佑那修桥的人20　吧。他们的来生，让他们升天做星星吧！"这位妈妈后来过得非常幸福。她去世后，众兄弟把她埋在一个朝阳、又正对着那条小溪的山坡上。七兄弟都长寿，而且过得很幸福。他们死后果然升天变成星星，那就是我们所看到的"北斗七星"。

045

练习：

用自己的话复述这个故事。

第四课

狼孩儿与语言的学习

提示：

在狼群中生活的孩子会不会说话？人养大的黑猩猩会不会说话？这些问题是人们一直想知道的，也是科学家一直在研究的。

生 词

1. 所谓　suǒwèi（形）通常所说的　what is called
2. 抚养　fǔyǎng（动）保护并教育　to foster, to bring up
3. 野兽　yěshòu（名）不是人养的动物。如：老虎、狮子等　wild beast
4. 群　qún（量、名）用于人或动物。如：一群人、羊群　group
5. 曾经　céngjīng（副）过去出现过　(indicate that sth. happened before)
　　　≈已经
6. 人间　rénjiān（名）世界上　the world
7. 死亡　sǐwáng（动、名）失去生命　to die; death
　　　≈死
8. 多半　duōbàn（副）大半、很可能　the greater part; probably
9. 长　zhǎng（动）生长、成长。如：长高、长大、长胖　to grow, to develop
　　　长（cháng）度
10. 组成　zǔchéng（动）一个一个的个体合成一个整体　to form, to make up
11. 共同　gòngtóng（形）大家的、彼此都具有的　common, mutual
12. 并　bìng（连）并且　and, moreover
13. 惊人　jīngrén（形）使人惊奇。如：惊人的消息　astonishing
14. 母语　mǔyǔ（名）本民族的语言　mother tongue
15. 方言　fāngyán（名）某个地方的话　dialect
16. 神经　shénjīng（名）人体的组织　nerve
17. 外科　wàikē（名）surgical department
　　　＞内科　儿科　眼科　妇科　耳鼻喉科　中医科
18. 丝毫　sīháo（副）极少、一点　a bit, a particle
19. 吃力　chīlì（形）费力气。如：很吃力　strenuous
20. 失去　shīqù（动）本来有的变得没有了　to lose

21. 时机　shíjī　（名）适合做某事的时间、机会　chance
　　　　≈机会

22. 只能　zhǐnéng　（副）没别的选择、仅仅能够　have to

23. 成人　chéngrén　（名）长大成熟的人，一般指18岁以上的人　adult

24. 通常　tōngcháng　（副）一般、平常　usually
　　　　≈经常

25. 脱离　tuōlí　（动）离开某种环境。如：脱离危险、脱离集体　to separate oneself from
　　　　≈离开

26. 婴儿　yīng'ér　（名）刚出生不久的小孩　baby

27. 一同　yìtóng　（副）一起、同时同地做某事　together
　　　　≈一起　一块

28. 勉强　miǎnqiǎng　（形）不愿意、不高兴；能力不够但努力去做　reluc

29. 器官　qìguān　（名）组成生物体的一部分。如：呼吸器官　organ
　　　官－宫

30. 差别　chābié　（名）不相同的地方　difference
　　　　≈区别

31. 适宜　shìyí　（形）十分合适　fit, suitable
　　　　≈适合　合适

32. 由此可见　yóucǐkějiàn　　根据这些就可以看出或得出结论

33. 特有　tèyǒu　（形）自己有而别人没有的
　　　　≈独有

34. 生理　shēnglǐ　（名）生物体各器官的生命活动　physiology
　　　←→心理

35. 语文　yǔwén　（名）语言文字或语言文学

36. 重大　zhòngdà　（形）大并且重要　great, major

37. 表明　biǎomíng　（动）表示清楚　to make known
　　　　≈说明

38. 运用　yùnyòng　（动）根据情况利用　to use

39. 大脑　dànǎo　（名）人的头部神经系统最重要的部分　cerebrum

40. 开动　kāidòng　（动）用于机器、大脑等，使它们开始工作　to start, to use

41. 从小　cóngxiǎo　（副）从年纪小的时候开始　from childhood

课 文

　　所谓狼孩儿，指的不是狼的孩子——小狼，而是由狼抚养的孩子，是人。20世纪以来，全世界共发现了30多个在野兽群中长大的孩子，其中有20多个是由狼抚养的。

　　1920年，在印度（India）曾经发现两个狼孩儿。两个都是女孩儿，小的约一岁半，叫阿玛拉，不久便死去了。大的约8岁，叫卡玛拉，在人间又生活了9年，约17岁时死亡。

5　　在人类社会中成长的孩子，两岁时多半会说许多话了，七岁时话已经说得相当好了。但是在野兽群中长大的孩子，都不会说话。不仅一岁半的阿玛拉不能讲两三个词组成的话，就是8岁的卡玛拉也不能做到这一点。

　　值得注意的是：8岁的卡玛拉即使跟人类共同生活并接受了9年的语言训练，也仅仅学会了六句话！而在人类社会中长大的孩子学习语言的能力却是惊人的：5岁以前就基本上掌握了
10母语的口语；7岁以前换一个语言环境，不超过一两年工夫，就能迅速地掌握任何一种方言或语言。一位神经外科专家指出："儿童在9至12岁以前，是学说话的专家，在这段时间，儿童学会两三种语言跟学会一种语言一样，丝毫也不觉得吃力。"卡玛拉失去了学习语言的最好时机，所以9年只能学会6句话。要熟练地掌握一门外语，一个成人通常需要几年甚至十几年的工夫，而对儿童来说，这却是一件相当容易的事情。

15　　由野兽抚养大的孩子，由于脱离了语言环境而不会说话。那么，由人抚养大的野兽的孩子，会不会说话呢？曾经有人做过这样的试验：将一样大的黑猩猩（chimpanzee）和婴儿一同抚养，1至9个月内，黑猩猩能比婴儿更多地听懂大人的话。9个月左右，婴儿超过了黑猩猩。9个月后，黑猩猩能听懂人话58句，婴儿能听懂68句。但不管养多久，黑猩猩始终说不出一句话。有人经过几年努力，才使黑猩猩勉强地说出"爸爸""妈妈"等三四个词，而且发出的
20音不标准。这是为什么？人们后来发现，黑猩猩的发音器官与人类有很大的差别，不适宜发人的语音。

　　由此可见，语言是人类社会所特有的。离开了人类，就没有语言。这些事实证明了一个道理：语言是社会现象，而不是自然现象。

　　但是，在强调语言是社会现象的同时，决不能忘记语言的生理基础。黑猩猩不能说话，因
25为它没有人类的发音器官。认识人类语言的生理基础，对于提高语文教学质量，意义十分重大。美国神经外科专家最新的研究表明，儿童如果只学习一种语言，他们只运用大脑的左半球；如果同时学习几种语言，他们就会开动大脑的右半球。因此，从小只会一种语言的人长大后再去学另一种语言就会比从小学过两种或多种语言的人要困难得多。这一点，值得教育家们重视。

30
（根据《语言的故事》里的同名文章改写）

重点词语学习

一 所谓 形容词。多做定语，指通常所说的、这里所说的，多用来提出需要解释的事物。也可以指某人所说的，此时不是进行解释，而是含有否定或讽刺 (salirize) 的意思。

1. 所谓狼孩儿，指的不是狼的孩子，而是由狼抚养的孩子。
2. 所谓留学生，指的是到外国学习的学生。
3. 所谓母语，就是本民族的语言。
4. 在困难的时候对我说你无能为力，这就是你所谓的"关心"。

二 抚养 动词。指成年人或动物保护并教育小孩子或小动物使其长大。

1. 其中有20多个是由狼抚养的。
2. 小李从小就失去了父母，是奶奶把他抚养大的。
3. 这个孩子被狼抚养到九岁，才回到人间。
4. 抚养孩子是父母的责任。

049

三 组成 动词。做谓语，指几个个体合成一个整体。

1. 阿玛拉不能讲两三个词组成的句子。
2. 汉语的复句由两个以上的分句组成。
3. 汉语的音节由声母、韵母和声调组成。
4. 新的市政府已经组成。

四 吃力 形容词。意思是费力，常指能力不够。多做谓语、状语。

1. 儿童学会两三种语言跟学会一种语言一样，丝毫也不觉得吃力。
2. 成人学习语言比儿童要吃力得多。
3. 朱先生吃力地提着行李走过来。
4. 他已经六十岁了，学习外语有点吃力。

五 时机 名词。指适合的、有利的时候、机会，常跟"把握、等待、抓住、抓紧、利用、错过、失去"等动词配合。

1. 卡玛拉失去了学习语言的最好时机。
2. 一个人能否成功，不但需要艰苦的努力，还要看他是否能抓住时机。
3. 你可千万不要错过这个好时机呀!
4. 不要再犹豫了，否则就会失去时机。

"机会"和"时机"意思相近,常可互换。但可说"有机会、趁机会",而不说"有时机、趁时机"。

5. 你以后还有没有机会来中国?
6. 很快就放假了,你赶快趁这个机会好好休息休息。

六 **勉 强** 形容词,意思是能力不够或不愿意、不高兴做某事,可重叠做状语;又是动词,意思是一定要让别人做他不愿做的事。

1. ……才使黑猩猩勉强说出爸爸妈妈等三四个词。
2. 既然这个工作你觉得吃力,那就不要勉强去做了。
3. 妈妈本来舍不得让他去外地,但他一定要去,妈妈只好勉强同意了。
4. 他犹豫了半天,最后才勉勉强强同意了。
5. 他笑得很勉强,看得出来,他心里不是真的欢喜。
6. 我从来不会勉强别人去做不愿意做的事。

七 **差 别** 名词。指人或事物之间的不同、区别。

1. 黑猩猩的发音器官与人类有很大的差别。
2. 汉语不同方言的差别很大,有的方言之间甚至不能通话。
3. 猩猩和人类的各种器官都是有差别的。

"区别"与"差别"意思相近,常可互换,但"区别"还可以作动词,意思是把不同的事物进行比较,认识它的不同之处,"差别"只是名词。

4. 这两个孩子长得太像了,我简直区别不出谁是姐姐,谁是妹妹。
5. 他的眼睛有问题,不能区别红色和绿色。

八 **适 宜** 形容词,意思是十分合适。多做谓语、定语。

1. 黑猩猩的发音器官不适宜发人的语音。
2. 橘子不适宜在北方生长。
3. 吃饭时去别人家有点不太适宜。
4. 这种游戏对儿童不适宜。

"适合、合适"与"适宜"意思相近,但"适合"是动词,可以带宾语,"适宜、合适"是形容词,不带宾语。

5. 这种设计适合经济发展的需要。
6. 他比较适合做这个工作。
7. 小王对人热情,做交际工作很合适。
8. 这件华丽的衣服我穿不合适。

九 **由此可见** 习语。起连接作用,前面是事实,后面是根据事实得出的结论。在句中独立使用,常用在两句话或两段话之间。

1. 由此可见,语言是人类社会特有的。
2. 在12岁之前,学会两三种语言很容易,而成人学习语言却很吃力。由此可见,

12 岁之前是学习语言的最好时机。

3. 因为孔雀在困难的时候不能帮助你，你就放弃了它。由此可见，你在困难的时候，只为自己着想。

十 **重 大** 形容词。多做定语、谓语。意思是大而重要。多用于抽象事物：责任、任务、问题、意义、教训、损失、权力、考验、影响、决定、差别等。

1. 认识人类语言的的生理基础，对于提高语文教学质量，意义十分重大。
2. 总统要管理整个国家，责任重大。
3. 能否完成这项艰苦的工作，是对我们的重大考验。
4. 我们学校存在的这些重大问题，今年会一一解决。

十一 **表 明** 动词。意思是表示清楚明确，主要是通过语言、文字、行动等表示出来，或从实际情况中表现出来，多用于抽象事物，如"态度、决心、愿望、观点、看法"等。

1. 最新的研究表明，儿童如果同时学几种语言，就会开动大脑的右半球。
2. 我的态度已经表明了，你也应当表明自己的态度。
3. 事实表明，他对金钱和权力有强烈的欲望。

"表示""说明"与"表明"意思相近，但"表示"还有名词的用法，"表明""说明"没有名词的用法；"表明""说明"后面可以是名词、名词性短语或句子形式，而"表示"后面只能是动词、动词性短语或句子形式。

4. 他表示不会伤害任何人。
5. 他心里很欢喜，脸上却没有一点表示。
6. 请你说明不参加比赛的原因。

语法注释

一、在印度曾经发现两个狼孩儿。

"**曾经**"，副词。做状语，表示以前有过，常与"过"配合：

　　1. 她曾经抚育过一个失去父母的婴儿。

　　2. 他曾经学过日语，现在差不多全忘了。

"已经"和"曾经"意思相近，但"已经"表示动作行为结束了，或者表示动作行为还在继续；"曾经"说的是过去的情况，动作行为早已结束：

　　3. 他已经学了三年了，明年就要毕业了。

　　4. 考试已经进行了一个小时了，你怎么才来？

　　5. 他已经不再犹豫，不再苦恼了。

二、在人类社会中成长起来的孩子，两岁时多半会说许多话了。

"**多半**"，副词，做状语。表示数量上超过一半，或者表示很可能：

　　1. 中国人多半会说普通话。

　　2. 参加这个活动的人，多半对这个说法不以为然。

　　3. 天空中都是黑云，看样子多半会下雨。

　　4. 他的眉头皱着，多半有什么为难的事。

三、将一样大的黑猩猩和婴儿一同抚养…… ／ 8岁的卡玛拉即使跟人类共同生活……

"**一同**"，副词，做状语，表示同时做某事。相当于"一齐、一起"。"**共同**"与"一同"意思相近，都可做状语，常可互换；但"共同"是形容词，可以做谓语、定语、状语，"一同"只能做状语；"共同"修饰的行为往往比较重大，动作性差，比较抽象，"一同"修饰的行为，动作性比较强，较具体；"共同"表示为了一个目标在行为上要互相配合，"一同"修饰的动作行为不一定有共同目标，不一定互相配合：一同上课、一同吃饭、一同看电影；共同设计、共同进步、共同前进。如：

　　1. 张明和周伟一同去登泰山。

　　2. 两年前，玛丽雅和麦克一同来到中国。

　　3. 让我们互相帮助，共同进步。

　　4. 汉语各种方言在词汇和语法上都有共同点。

　　5. 我们的利益是共同的，我们的目标是共同的。

四、8岁的卡玛拉即使跟人类共同生活并接受了9年的语言训练……

"**并**"，连词，表示更进一步的意思，多连接双音节动词或动词短语：

　　1. 他热情安慰并细心照顾生病的同学。

　　2. 我们讨论并通过了老张的意见。

　　3. 他一个劲儿挣扎，并大喊大叫。

　　4. 这学期，老师给我们讲了汉语语法，并分析了汉语与英语的差别。

五、儿童学会两三种语言，丝毫也不觉得吃力。

"**丝毫**"，副词，一般与否定词连用，表示全部否定：

1. 几年没见，他的样子丝毫没有改变。
2. 他花钱很随便，丝毫不觉得心疼。
3. 这两种说法丝毫没有差别。
4. 这个工作不能有丝毫马虎。

六、所以9年只能学会6句话。

"**只能**"，副词，做状语，表示没有别的选择，只能够：

1. 钱不够了，我只能坐火车，不能坐飞机。
2. 这是我惟一的选择，我只能这么做了。
3. 他是我的朋友，你的态度只能热情，不能冷淡。

七、一个成年人通常需要几年甚至几十年的工夫。

"**通常**"，副词，做状语。表示在平时的、一般的情况下

1. 麦克通常六点半起床，十点半睡觉。
2. 成人的记忆力通常不如孩子。
3. 人们通常认为，汉语比英语难学一些。
4. 他通常洗冷水澡，只有在身体不舒服的时候才洗热水澡。

"**经常**"与"**通常**"有相近的地方，但"通常"表示情况是一般规律，很少有例外；而"经常"表示动作行为或某个情况发生的次数比较多；另外，"经常"是形容词，可修饰名词，做定语，做状语时，可修饰简单的动词，也可修饰动词性词组，"通常"只修饰动词性短语，不修饰简单动词；"经常"还可以肯定否定相选，"通常"不可以：

5. 他经常去跳舞，你经常不经常去？
6. 学习汉语要经常听，经常说。
7. 他欺负小孩是经常的事。

八、而对于儿童来说，这却是一件相当容易的事。

"**相当**"，副词，表示程度高。用在形容词之前做状语：

1. 玛利亚的汉语说得相当流利。
2. 村田一郎来中国才一年，进步相当惊人。
3. 这两个词的差别相当大。

"**相当**"还有动词的用法，意思是两方面差不多，多和"于"连用：

4. 他一个月的工资相当于我一年的工资。
5. 这座塔的高度相当于69层楼。

九、由野兽抚养大的孩子，由于脱离了人类语言环境而不会说话。

"**由于……而**"与"因（因为）……而"用法相同，表示因果关系：

1. 他的手由于激动而颤抖。
2. 他昨天晚上由于发高烧而被送到医院。
3. 我由于签证到期而必须去公安局申请延长，今天不能去上课。
4. 他是中山大学的学生，由于支援西部而来到了西藏。

练习

一、给形似字注音并组词：

官　极　既　熟　重　练　向　同
宫　级　即　热　童　炼　问　间

二、搭配词语：

抚养_____　　　失去_____　　　脱离_____

重大_____　　　表明_____　　　组成_____

_____时机　　　_____方言　　　_____差别

_____吃力　　　_____适宜　　　_____大脑

三、选词填空：

（脱离　生理　器官　婴儿　人间　抚养　成人　心理）

1. 儿童学习一种语言比_____要容易得多。

2. 老人因病离开了_____，大家都很伤心。

3. 这位警察受伤很重，到现在还没有_____危险。

4. 他从来不和大家交往，长期生活在孤独中，_____有些不正常。

5. _____虽然不会说话，但已经听得懂人的一些话了。

6. 黑猩猩发不出标准的语音，是_____上的原因。

7. _____孩子是父母的责任，你们不能随便放弃。

8. 心脏是人体的一个重要的_____。

（失去　勉强　表明　运用　惊人　适宜　开动　特有）

9. 你到底同意不同意？请你_____态度。

10. 我们追问了半天，他才_____说出实话。

11. 我们不仅要弄清楚成语的意思，还要学会_____。

12. 你不能再犹豫了，不然，就会_____这次机会。

13. 小李的声音好，从小就喜欢唱歌，选择音乐专业对他来说是很_____的。

14. 荔枝（Lichee）、龙眼（Longan）是南方_____的水果。

15. 12岁以前的小孩学习语言的能力是_____的。

16. 他是个工人，每天_____车床（lathe），生产汽车零件（spare parts）。

四、同义词填空：

（一同　共同）

1. 我正好也去北京，咱们_____去吧！

2. 这项设计是老李和老刘_____完成的。

3. 这是我们俩_____的想法，你认为妥当不妥当？

4. 玛丽和美惠子是好朋友，她们准备"五一"节放假时_____去海南玩。

054

(时机　机会)

5．他想找＿＿＿＿＿＿离开下沉的小岛。

6．这可是发展经济的大好＿＿＿＿＿＿，一定要抓住。

7．他刚吃完饭，趁这个＿＿＿＿＿＿，你赶快和他谈一谈。

8．我以后还有＿＿＿＿＿＿来广州，到时候一定来看你。

(差别　区别)

9．汉语的北方方言之间＿＿＿＿＿＿不大。

10．动词和形容词有时很难＿＿＿＿＿＿。

11．老师，这两个词是否有＿＿＿＿＿＿？

12．我＿＿＿＿＿＿不出他们俩谁大谁小。

(表明　表示　说明)

13．他已经＿＿＿＿＿＿了中国政府对这个问题的态度。

14．他＿＿＿＿＿＿要接受我们的意见，并积极支持我们的工作。

15．我诚恳地向你＿＿＿＿＿＿道歉，请你原谅。

16．请你向老师＿＿＿＿＿＿你要提前考试的原因。

17．现在，我有几个问题要向大家＿＿＿＿＿＿，请大家注意听。

18．我已经＿＿＿＿＿＿了我的看法，请你们研究决定。

(曾经　已经)

19．他＿＿＿＿＿＿是个外科医生，可现在他去做生意了。

20．我＿＿＿＿＿＿在香港住过一年，勉强听得懂香港话。

21．他＿＿＿＿＿＿睡了，你别打扰他了。

22．小丽＿＿＿＿＿＿很努力了，别要求太高了。

(经常　通常)

23．夏天这儿＿＿＿＿＿＿下雨，天气很凉快。

24．老杨爱喝酒并且＿＿＿＿＿＿喝醉，一喝醉就又哭又闹。

25．对于学生来说，考试是＿＿＿＿＿＿的事。

26．李先生＿＿＿＿＿＿六点钟起床，去操场锻炼一个小时。

27．冬天这里＿＿＿＿＿＿七点钟天才亮。

(特有　有)

28．汉语＿＿＿＿＿＿七种主要的方言。

29．春节是中国＿＿＿＿＿＿的传统节日。

30．他＿＿＿＿＿＿好多金银财宝。

31．汉语普通话＿＿＿＿＿＿四个声调。

(死亡　死)

32．他的妈妈在他很小时就＿＿＿＿＿＿去了。

33．狼孩儿在人间只生活了9年就＿＿＿＿＿了。

34．他的弟弟去年病＿＿＿＿＿了，全家人都很伤心。

35．这场战争中＿＿＿＿＿的人数超过了100万。

五、用括号里的词回答问题：

1．你在什么地方长大？ （从小）

2．你能听懂这一段话吗？ （勉强）

3．你们班的同学都会说英语吗？ （多半）

4．这篇课文你们觉得难不难？ （吃力）

5．你会不会说广州话？ （只能）

6．老林的病怎么样了？ （脱离）

7．这次考试你的成绩怎么样？ （相当）

8．小明的爸爸在哪儿工作？ （失去）

9．什么是方言？ （所谓）

10．你去过青岛吗？ （曾经）

六、给括号里的词语选择合适的位置：

1．他 A 在中山大学 B 学习了六年，C 获得了硕士 D 学位。（并）

2．A 我弄不明白 B "第二语言学习" C 是 D 什么意思。（所谓）

3．A 小明 B 小时候 C 在北京住过 D 两年。（曾经）

4．医生 A 说这种病 B 需要 C 休息 D 一个月。（通常）

5．他 A 就 B 喜欢 C 唱歌，现在 D 越唱越好了。（从小）

6．金秀玉 A 和权玉美 B 去年 C 来到北京大学 D 学习汉语。（一同）

7．301 教室 A 是 B 中文系 C 和历史系 D 使用的。（共同）

8．电脑 A 在我们 B 的生活中 C 发挥着 D 的作用。（重大）

9．A 我 B 喝 C 一杯酒，再喝 D 就醉了。（只能）

10．A 这么晚了，孩子 B 还没回来，可他 C 看起来 D 也不着急。（丝毫）

七、用括号里的词改写句子：

（所谓）

1．这里所说的狼孩儿，是指由狼抚养的人的孩子。

2．通常所说的HSK，就是对外国人进行的汉语水平考试。

3．无能为力，意思是说能力不够，一点办法也没有。

（由于……而）

4．这只船太小，不能坐50个人。

5．我们不得不取消比赛，因为雨越下越大了。

6．这个湖里的鱼已经受到了污染，不能吃了。

7．因为学费太高，他没钱交，所以不能上学了。

（由此可见）

8. 别人找他帮忙，他从来不推辞，从这一点就可以看出他是个热心的人。

9. 成人学习语言要比儿童困难得多，从这个现象可以知道学习语言有个最好时机，失去了这个时机，学习就会很困难。

八、成语填空：

（喜出望外　由此可见　无能为力　小心翼翼　吞吞吐吐　不出所料　不以为然）

1. 我们追问了半天，他还是_____地不想说。

2. 妹妹_____地把花瓶从桌子上拿下来。

3. 见到这位著名的作家，大家_____，激动得不得了。

4. _____，他真的是个外科医生。

5. 他的伤太重，医生都_____了。

6. 这几年，人们花在旅游上的钱大大增加，_____，人们的生活水平提高了。

7. 我认为这是个重大发现，可梁先生却_____。

8. 我虽然很想帮你，可实在_____。

9. 能找到这么好的工作，小王真是_____。

10. 我_____地关上门，怕把弟弟吵醒。

九、综合填空：

20世纪 __1__ ，全世界发现了20多个 __2__ 狼抚养的孩子。这些孩子 __3__ 脱离了人类的语言环境 __4__ 不会说话。科学家 __5__ 做过实验，由人类来抚养黑猩猩，但是，无论养 __6__ 长时间，无论科学家 __7__ 努力，黑猩猩始终说不出一句话来。 __8__ ，只有人类 __9__ 有语言，语言是人类社会所 __10__ 的。

1. A.来　　　　B.以后　　　　C.以来　　　　D.以前

2. A.由　　　　B.由于　　　　C.因为　　　　D.有

3. A.由　　　　B.由于　　　　C.为　　　　　D.因此

4. A.也　　　　B.却　　　　　C.而　　　　　D.但

5. A.曾经　　　B.通常　　　　C.经常　　　　D.常常

6. A.多　　　　B.很　　　　　C.非常　　　　D.太

7. A.很　　　　B.十分　　　　C.非常　　　　D.怎么

8. A.另外　　　B.但是　　　　C.于是　　　　D.由此可见

9. A.只　　　　B.仅　　　　　C.才　　　　　D.可

10. A.有　　　　B.特有　　　　C.以　　　　　D.需要

十、请去掉下面一段话中多余的"我"：

我出生在北京，我从小就学会了北京话。我8岁的时候，我和我的爸爸妈妈一起来到了广州，于是，我很快又学会了广州话。虽然广州话和北京话的差别很大，但我丝毫也不觉得吃力。现在，我既可以流利地讲广州话，我也可以流利地讲北京话。我上了大学以后，我又跟我的同学学了点上海话，我讲上海话讲得还不错呢。

十一、谈谈你为什么要学习汉语？学了多长时间？怎么学的？有什么困难？（用上括号里的词。）

（母语 曾经 吃力 差别 熟练 始终 标准 通常 掌握 语言环境）

十二、 根据下面的问题写一段话。（100～150字）

1. 你爸爸妈妈是什么地方人？会说什么话？

2. 你出生在什么地方？最先学会的语言是什么？

3. 你还会说什么方言和语言？怎么学会的？

学无止境

这是美国一所规模很大的大学毕业考试的最后一天。在一座教学楼前的台阶上，有一群机械系大四学生挤在一起，正在讨论几分钟后就要开始的考试。他们的脸上充满了自信，这是最后一场考试，接着就是毕业典礼（ceremony）和找工作了。

有几个说他们已经找到工作了。其他的人则在讨论他们想得到的工作。接受了四年的大学教育，他们觉得心理上早有准备，能征服(conquer)外面的世界。

即将进行的考试，他们知道只是很轻易的事情。教授说他们可以带需要的教材、参考书和笔记，只要求考试时他们不能彼此商量。

他们高高兴兴地走进教室。教授把试卷发下去，学生们都眉开眼笑，因为学生们注意到只有5个问答题。

3 个小时过去了，教授开始收考卷。学生们似乎不再自信，他们的脸上充满了焦急(anxious)。没有一个人说话，教授手里拿着试卷，面向着全班同学。教授注视着面前焦急的学生们，问道："有几个人把5个问题全答完了？"

没有人举手。

"有几个答完了4个？"

仍旧没有人举手。

"3个?两个？"

学生们在座位上不安起来。

"那么1个呢？一定有人做完了1个吧？"

全班学生仍保持沉默(silent)。

教授丝毫也不觉得惊奇，他放下手中的试卷说："这正是我所想到的结果。我只是要加深你们的印象，即使你们已完成四年工程教育，但仍旧有许多有关工程的问题你们不知道。这些你们不能回答的问题，在日常操作中是非常普遍的。"

教授带着微笑说下去："这门考试你们都会及格，但要记住，虽然你们是大学毕业生，你们的学习才开始。"

时间已经过去了，这位教授的名字已经模糊，但他所讲的话在我的记忆中却永远不会模糊。

（根据《新洲周报》1998年10月9日同名文章改写）

059

练习：

"学无止境"说的是什么意思？你怎样理解这个故事？

第五课

诗歌三首

这是三首诗，也是三首歌。诗中表达的是友谊，是亲情，是对你的祝愿。

生 词

1. **诗歌** shīgē （名）指各种诗。如：古代诗歌、现代诗歌 poem
2. **往事** wǎngshì （名）过去的事 past events
3. **心头** xīntóu （名）心里、心上 mind
4. **相** xiāng （副）互相、双方有某种关系 each other
5. **相逢** xiāngféng （动）互相遇见 to meet, to come across
   >相遇 相见 相送
6. **一路顺风** yílùshùnfēng 一路平安顺利
7. **珍重** zhēnzhòng （动）爱护重视自己 to take good care of yourself
8. **饮** yǐn （动）喝。如：饮水、饮茶 to drink
9. **心中** xīnzhōng （名）心里、内心 mind
10. **愿** yuàn （动）希望、祝愿 to wish
11. **天长地久** tiānchángdìjiǔ 像天地一样永远不改变，多形容爱情、友谊
12. **舍** shě （动）丢掉、丢开。如：难舍难分 to give up
13. **天涯海角** tiānyáhǎijiǎo 天的尽头、海的尽头，指很远的地方
14. **陪伴** péibàn （动）陪着 to accompany
15. **祝愿** zhùyuàn （动、名）表示良好的愿望。如：我的祝愿、祝愿你幸福 to wish
    ≈愿
16. **空闲** kòngxián （名）闲着的时间。如：空闲时间、有空闲 idle; leisure
17. **笑容** xiàoróng （名）笑时脸上的表情 smile
    >愁容 怒容
18. **陪同** péitóng （动）陪着某人做某事 to accompany
    ≈陪伴
19. **唠叨** láodao （名、动）说话重复太多。如：唠唠叨叨、唠叨了半天 wordy
20. **张罗** zhāngluo （动）为某事忙。如：张罗结婚的事 to get busy about
21. **烦恼** fánnǎo （名、形）苦闷、生气 worry; be worried
    ≈苦恼

22. 图　　tú（动）希望得到、想办法得到。如：图什么、不图名不图利　to pursue, to seek

23. 一辈子　yíbèizi（名）一个人从生到死的整个时间　all one's life

24. 团圆　tuányuán（动）全家人都在一起。如：全家团圆　to reunite

25. 捶　　chuí（动）轻轻敲打　to thump, to pound

26. 揉　　róu（动）用手反复搓动　to rub, to knead

27. 操心　cāoxīn（动）为某人或某事花时间和心思　to worry about

28. 人生　rénshēng（名）一个人从生到死的整个过程。如：人生的道路　life

29. 不平　bùpíng（形）因为不公平而产生的不满　indignant

30. 在意　zàiyì（动）放在心上、重视。如：很在意、不在意　to take notice of

31. 洒脱　sǎtuō（形）言语行为自然轻松，不沉重、不紧张　free and easy

32. 心愿　xīnyuàn（名）心里的愿望。如：我的心愿、一个心愿　aspiration

课 文

永远

举起这杯酒，往事涌上心头，
让我为你唱首歌。
今日的相送，明日的相逢，
一路顺风多珍重。

5

同饮这杯酒，真情永藏心中，
愿友谊天长地久。
难忘昨日笑，难舍今夜泪，
我们永远是朋友。

10

无论在天涯，无论在海角，
我的心会陪伴在你身旁。
无论在何时，无论在何地，
我都祝愿你快乐健康。

常回家看看

找点空闲 ，找点时间，
领着孩子常回家看看；
带上笑容 ，带上祝愿，
陪同爱人常回家看看。
妈妈准备了一些唠叨，

5

爸爸张罗了一桌好饭。
生活的烦恼跟妈妈说说，
工作的事情向爸爸谈谈。

常回家看看，回家看看，
哪怕帮妈妈刷刷筷子洗洗碗。

10

老人不图儿女为家做多大贡献，
一辈子不容易就图个团团圆圆。
常回家看看，回家看看，
哪怕给爸爸捶捶后背揉揉肩。

15

老人不图儿女为家做多大贡献，
一辈子总操心就图个平平安安。

祝你平安

你的心情现在好吗？
你的脸上还有微笑吗？
人生自古就有许多愁和苦，
请你多一些开心，少一些烦恼。

5

你的所得还那样少吗？
你的付出还那样多吗？
生活的路总有一些不平事，
请你不必太在意，洒脱一些过得好。

10

祝你平安，祝你平安，
让那快乐围绕在你身边。
祝你平安，祝你平安，
你永远都幸福是我最大的心愿。

重点词语学习

一 心中 — 心头 | 都是名词，指心里面。但搭配不同，常说："涌上心头、记在心头/心中"。

1. 举起这杯酒，往事涌上心头。
2. 同饮这杯酒，真情永藏心中。
3. 他的心中充满了痛苦和愤怒。
4. 雷锋心中装着所有的人，就是没有装他自己。
5. 看着妈妈头上的白发，一种复杂的感情顿时涌上了我的心头。
6. 您的关心和爱护，我永远记在心头。
7. 听了他的话，我心头涌起一股暖流。

二 愿 — 祝愿 | 都是动词，意思相近，表示良好的愿望、希望。有时可以互换，但又有区别："祝愿"还有名词的用法，"愿"只有动词的用法；"祝愿"的主语可以是任何人，"愿"的主语多是第一人称"我"；"祝愿"的前面可以有状语，"愿"不行；另外，"愿"还有"愿意"的意思。

1. 愿友谊地久天长。
2. 带上笑容，带上祝愿，陪同爱人常回家看看。
3. 我们相互祝愿毕业以后能找到一份理想的工作。
4. 喝了这杯酒，愿我们两国人民的友谊天长地久。
5. 我愿变成一只小羊，跟在你的身旁。
6. 我愿和你们一同去原始森林探险。

三 陪同 — 陪伴 | 都是动词，"陪同"表示跟别人一起进行某种活动；"陪伴"表示跟别人在一起，跟别人做伴。"陪伴"后面可以跟介词短语，"陪同"不可以；"陪同"的只能是人，"陪伴"的还可以是动物或事物。

1. 陪同爱人常回家看看。
2. 我的心会陪伴在你身旁。
3. 他住院时，哥哥一直在医院陪伴他。
4. 妻子陪伴着他走过了五十年的人生之路。
5. 这枝钢笔陪伴我度过了四年的大学生活。
6. 中国教育部部长陪同俄罗斯客人参观了北京大学。
7. 我们在村长的陪同下，参观了村里的工厂。

另外，这两个词跟"陪"意思相近。"陪同、陪伴"多用于书面，"陪"多用于口语。

四 **烦恼** 形容词、名词，指心情不愉快、生气苦恼。

1. 生活的烦恼跟妈妈说说。
2. 请你多一些开心，少一些烦恼。
3. 这些天，林先生一直在为找工作的事烦恼。
4. 吴京烦恼地说："别打扰我，让我安静一会。"

"苦恼"与"烦恼"意思相近，常可互换。但意义又有差别："苦恼"主要表示痛苦、发愁，"烦恼"主要表示生气、不高兴。

5. 女朋友生气，不理他了，他非常苦恼，整天不说一句话。
6. 他心里烦恼，就乱骂人。

五 **团圆** 动词、形容词。指全家人分别后又重新在一起。可以重叠，多做谓语、定语。

1. 一辈子不容易就图个团团圆圆。
2. 他和女儿分别了三十年，终于又团圆了。
3. 儿女们都回来了，全家在一起吃团圆饭，过团圆年。

六 **操心** 动词，指用很多时间和心思来做事或考虑事情。之间还可以插入词语。

1. 一辈子总操心就图个平平安安。
2. 妈妈总是为儿子的学习和生活操心。
3. 老人为孩子操了一辈子的心。
4. 他为工厂操碎了心。

七 **在意** 动词，意思是放在心上、重视、注意。做谓语。

1. 请你不必太在意，洒脱一些过得好。
2. 我不在意他对我的态度，我只在意他的工作做得怎么样。
3. 他说的这些话，你在意不在意？
4. 他讽刺我，我根本不在意。

语法注释

一、今日的相送，明日的相逢。

"相"，副词，多修饰单音节动词，表示互相有关系或发出某种动作，如：相见、相识、相逢、相爱、相会、相告、相似、相像、相对、相比、相差、相等、相反、相同等等：

1. 我们在中山大学相识，成了好朋友。
2. 李明和王莉彼此相爱，很快就要结婚了。
3. 分别好几年了，想不到在这儿和他相逢。
4. "苦恼"和"烦恼"的意思和用法非常相似。

二、生活的烦恼跟妈妈说说。 ／ 工作的事情向爸爸谈谈。

"跟、向"，介词。用法相近，引进动作行为的对象，常可互换：

1. 今天，老师跟我们讲了期中考试的事。
2. 小王反复向我们解释那件事。

但是，又有区别："跟"还有连词的用法，相当于"和"；"向"还可以表示动作行为的方向，相当于"朝"：

3. 小李跟小刘一同去上海了。
4. 山田跟朴金玉都是中山大学的学生。
5. 玛利亚匆匆忙忙地向图书馆走去。
6. 经理满脸笑容地向我点点头。

三、常回家看看，哪怕帮妈妈刷刷筷子洗洗碗。 ／ 哪怕帮爸爸捶捶后背揉揉肩。

"哪怕"，连词，常与"也""都"配合使用，用在复句中。"哪怕"先提出一个假想的条件，后一分句表示一种结果或情况，这一结果或情况的出现不受前面条件的影响。"哪怕"有时也可用在后一分句句首。"哪怕"与"即使"用法基本相同，"哪怕"口语色彩强一些：

1. 哪怕今晚不睡觉，我也一定要把文章写完。
2. 哪怕父母不同意，我也一定要考军校。
3. 哪怕放在火里烧，钻石也不会化。
4. 在生活中，永远不要失去笑容和信心，哪怕有再多的烦恼和困难。
5. 明天你一定要来，哪怕只坐一会儿。
6. 我一定要把作文写完，哪怕今晚不睡觉。

四、一辈子总操心就图个平平安安。 ／ 生活的路总有一些不平事。

"总"，副词，修饰动词，做状语。表示一直、经常，与"总是"差不多：

1. 冬天总会过去，春天总会来到。
2. 这几天，他总在为这事发愁。
3. 这孩子总这么懂事，从来不让父母操心。
4. 刘杰总这么好奇，什么事都想知道。
5. 他说话总吞吞吐吐的，好像不敢说似的。

五、请你不必太在意，洒脱一些过得好。

"**不必**"，副词。主要修饰动词，表示没有必要、不需要：

　　1．小李已经去了，你就不必去了。

　　2．你打算找吴先生帮忙，我认为不必了。

"**不必**"还可修饰某些表示心理的双音节形容词，如：不必紧张、不必苦恼、不必惊慌、不必后悔、不必烦恼、不必匆忙、不必难过等等：

　　3．时间还早，你不必这么匆忙。

　　4．考试很容易，大家不必紧张。

六、让那快乐围绕在你身旁。

这是汉语中的一种特殊句式——兼语句。兼语句由一个动宾短语和一个主谓短语合成，动宾短语中的宾语同时又是主谓短语中的主语：

　　1．于是，让很多人也来做这个游戏。

　　2．我怎么能让它孤独地呆在一个危险的环境中呢？

　　3．老虎托喜鹊捎话给猫，请他抽空过来喝一杯。

　　4．校长叫我去请李老师到学校来一趟。

　　5．老师鼓励大家好好学习。

兼语句和主谓短语做宾语的句子结构相似，但实际上不同：兼语句的谓语动词有使令义，或者表示命令请求：使、让、令、叫、请、托、派；或者表示感情活动：感谢、喜欢、埋怨、爱、恨；或者是动词"有"，而主谓短语做宾语的句子，句子的谓语动词不是这些。另外，兼语句的停顿一般在兼语后，而主谓短语做宾语的句子，停顿一般在动词后：

　　6．我知道你不会这么做的。

　　7．我相信最后的胜利一定是我们的。

　　8．我希望你再给我们讲一遍。

一、给下列形似字注音并组词：

贡	闲	团	澡	倍	怀	坏	必
责	间	困	操	陪	杯	环	心

二、把下列成语补充完整：

_____翼翼　　　_____顺风　　　_____海角　　　_____为然　　　_____所料

无能_____　　　天长_____　　　喜出_____　　　由此_____　　　吞吞_____

三、同义词填空：

（心头　心中）

1．只要_____有真情，哪怕不在一起，我们的友谊也同样天长地久。

2．来到广州，老师和同学们热情地欢迎我，我的_____顿时涌起一股暖流。

3．回到家乡，看到家乡的人和景，往日的情景涌上我的_____。

4．最近一段时间，工作很不顺利，老董_____有些烦恼。

（愿　祝愿）

5．每年春节，我都要给朋友们寄去贺卡，送去问候和_____。

6．某国代表团团长讲话，他_____中国一天比一天强大。

7．_____你们永远相爱，白头到老。

8．我_____把自己的生命贡献给教育事业。

（陪同　陪伴　陪）

9．韩国代表团在广州市市长的_____下，参观了珠江啤酒厂。

10．我们虽然相隔万里，但我的心、我的爱，永远_____着你。

11．今天下午你_____我去电脑城买电脑吧。

12．李先生_____几位北京来的朋友游览了珠江。

13．你有空闲的时候，多回家_____一下妈妈吧。

14．在他生病住院时，儿女们一直_____着他。

（跟　向）

15．你_____远处看，那座山就是白云山。

16．明天我_____刘经理一起去北京。

17．麦克_____你招手，让你过去。

18．这事玛利亚早就_____我说过。

19．安娜_____玛莎都是俄罗斯远东大学的学生。

四、选词填空：

(唠叨 心愿 张罗 珍重 洒脱 在意 真情 不平)

1. 张国强春节要结婚，这些天都在忙着_____结婚的事。

2. 你一个人在国外学习，自己要多_____。

3. 妈妈的_____就是希望儿女们幸福平安。

4. 前两天他就有一点不舒服，没有_____，今天就严重了。

5. 老刘是个老实人，但公司的老板总为难他，大家都为他感到_____。

6. 感谢你的一片_____，我会永远记在心头的。

7. 回到家，奶奶总在我耳边_____，要我注意身体，注意安全。

8. 对待生活，小王比我_____得多，再烦恼的事，他都不放在心上。

(一路顺风 天长地久 揉 捶 舍 图 相 饮)

9. 这次分别，还不知什么时候才能_____见。

10. 我这么做_____什么？还不是_____个大家心情愉快。

11. 妈妈累得肩膀疼，赶快给她_____一会儿。

12. 小刚_____了小华一下就跑。

13. 在需要的时候，我们应当_____自己的利益，保国家的利益。

14. 你快去买一些_____料水果之类的东西，一会有客人来。

15. 祝愿你们的爱情_____，永远不变。

16. 希望我们这次旅行_____，不要遇到什么麻烦事。

五、给括号里的词语选择合适的位置：

1. 这是我送给你的生日礼物，你健康快乐，学习进步。(愿)

2. 小山和静子都在北京大学学习汉语，认识不久，他们就爱了。(相)

3. 坐出租车就个方便，贵点没关系。(图)

4. 你的手不干净，别用手眼睛。(揉)

5. 在中山大学的学习结束了，我和小川美子约好，明年九月在北京见。(相)

6. 大家在一起学习了两年，现在要分别，真是难难分。(舍)

7. 张英说她陪你去桂林。(愿)

8. 我帮你，不别的，就是希望你能生活得幸福。(图)

9. 他学习很努力，每次考试比我考得好。(总)

10. 这孩子不做作业，这样下去怎么行呢？(总)

六、用下列词语填空：

(自 总 无论 哪怕 不必)

1. 一直想跟你聊聊，_____也没时间。

2. _____多忙，也要抽空常回家看看。

3. _____1990年以来，我一直坚持学习汉语。

4. 我已经是成人了，你们完全_____操心。

5. 冬天_____会过去，春天_____会来到。

6. 你经常回家，_____什么事都不做，父母也很高兴。

7. 不要太悲观，机会＿＿＿＿会有的。

8. 你慢慢说，＿＿＿＿紧张。

9. ＿＿＿＿你同意不同意，我都会选择他的设计。

10. ＿＿＿＿你怎么说，我都不会去。

七、用括号里的词语完成句子：

1. 我已经二十岁了，你们＿＿＿＿＿＿＿＿＿＿＿＿＿＿。（操心）

2. 爸爸妈妈＿＿＿＿＿＿＿＿＿＿，现在应该好好休息休息了。（一辈子）

3. 徐老师是个严肃的人，＿＿＿＿＿＿＿＿＿＿＿＿。（笑容）

4. 最近工作太忙，＿＿＿＿＿＿＿＿＿＿＿＿＿。（空闲）

5. 今天是中秋节，＿＿＿＿＿＿＿＿＿＿＿＿＿。（团圆）

6. ＿＿＿＿＿＿＿＿＿＿＿，奶奶难过得流下了眼泪。（往事）

7. 今天是你的生日，＿＿＿＿＿＿＿＿＿＿＿＿。（祝愿）

8. ＿＿＿＿＿＿＿＿＿＿，有快乐，也有烦恼，不会永远顺利。（人生）

9. ＿＿＿＿＿＿＿＿＿＿＿＿，我一定会帮助你。（烦恼）

10. 老张经常胃疼，大家劝他去医院好好检查检查，可＿＿＿＿＿。（在意）

八、把下列词语整理成兼语句：

1. 办公室 玛丽 到 去 我 老师 叫 让 赶快 。

2. 全班 麦克 请 去 生日 今天 参加 同学 的 晚会 他 。

3. 托 这 李强 交给 信 封 小王 我 把 。

4. 你 爸爸 买 去 羊城晚报 让 一份 。

5. 命令 总统 开始 立刻 队伍 行动 。

九、用括号里的词语回答问题：

1. 圣诞节你回家吗？（团圆）

2. 你在中国留学，妈妈经常给你打电话吗？（操心）

3. 你这两天怎么没来上课，有什么事？（陪同）

4. 你奶奶多大年纪了？身体好吗？（唠叨）

5. 这几天你看起来不太高兴，怎么回事？（烦恼）

6. 你认为考试的分数重要吗？（在意）

7. 最近忙不忙？（空闲）

8. 回国以后，你还会记得在中山大学学习的这一段生活吗？（一辈子）

十、综合填空：

今天是春节，春节是中国最重要的传统节日。儿女们 __1__ 工作都忙，不能总 __2__ 在父母身边。但春节这一天都要回家和父母 __3__ 。今天，我带着妻子和女儿回到家里，爸爸妈妈非常高兴，一边忙着 __4__ 饭菜，一边 __5__ 地问长问短。我对父母说："你们辛苦了一辈子，应该好好休息，不要总为儿女 __6__ 了。"妻子赶快去厨房做饭，我女儿连忙给奶奶揉肩，我跟爸爸 __7__ 工作上的事。全家一起吃团圆饭的时候，我们 __8__ 父母身体健康，永远快乐。爸爸妈妈高兴得满脸笑容，什么烦恼都没有了。明天，我还要 __9__ 妻子去看她的父母。

1．A.通常　　　B.时常　　　C.平时　　　D.常
2．A.陪同　　　B.陪伴　　　C.住　　　　D.陪一陪
3．A.见面　　　B.吃饭　　　C.团圆　　　D.团团圆圆
4．A.照顾　　　B.张罗　　　C.做着　　　D.忙
5．A.急忙　　　B.唠叨　　　C.唠叨唠叨　D.唠唠叨叨
6．A.操心　　　B.烦恼　　　C.唠叨　　　D.祝愿
7．A.说了　　　B.谈起了　　C.谈一下　　D.谈谈
8．A.愿　　　　B.祝愿　　　C.希望　　　D.珍重
9．A.祝愿　　　B.陪伴　　　C.陪一陪　　D.陪陪

十一、语段填空：

（获得　华丽　洒脱　只要　人生　发愁　金钱和权力　艰苦　生活）

不必用 __1__ 的衣服打扮，年轻本身就是美；不必为生活中的苦和累而 __2__ ，年轻就不怕 __3__ ；不必为 __4__ 而烦恼，__5__ 的人才有快乐。__6__ 的路很长很长，__7__ 心中永远充满希望，我们就会 __8__ 成功，就会 __9__ 得幸福。

十二、每个同学介绍一个自己国家的节日风俗。

十三、写一段话，介绍你的一个朋友（长相、习惯、爱好、职业等）。

071

诗歌两首

永远是朋友

千里难寻是朋友，朋友多了路好走。
以诚相待，心诚则灵，
让我们从此是朋友。

千金难买是朋友，朋友多了春常留。
互相关心，心灵相通，
让我们永远是朋友。

结识新朋友，不忘老朋友，
多少新朋友变成老朋友；
天高地也厚，山高水常流，
愿我们到处都有好朋友。

蓝蓝的夜，蓝蓝的梦

圆圆的月亮，悄悄爬上来，
蓝蓝的梦幻，轻轻升起来。
远方的人儿，他会不会走过来，
心里的话儿，我想要说出来。

蓝蓝的夜，蓝蓝的梦。
请你从我的梦中走出来；
蓝蓝的夜，蓝蓝的梦，
伤心的眼泪不会掉下来。

薄薄的云彩，缓缓飘过来，
长长的影子，慢慢投下来。
远方的人儿，他会不会走过来，
动人的歌谣，我怎么唱起来。

蓝蓝的夜，蓝蓝的梦，
我将你化成一片片白云；
蓝蓝的夜，蓝蓝的梦，
陪伴我直到永远。

072

5

10

15

20

25

30

蓝蓝的夜，蓝蓝的梦。
请你从我的梦中走出来；
蓝蓝的夜，蓝蓝的梦，
伤心的眼泪不会掉下来。

练习：

熟读这两首诗歌。你能学会唱吗？

第六课

花的故事

提示：

　　玫瑰花是美丽的，可是它有刺，一不小心，就会刺破你的手；依米花的生命特别短，但它很顽强。这两种花会引起你什么样的思考？

生　词

074

1. 刺　　cì　（名、动）像针一样尖的东西。如：鱼刺、刺破了手　thorn; to stab
2. 步行　bùxíng　（动）用脚行走　to go on foot
3. 脚步　jiǎobù　（名）走路时前后两脚之间的距离　step
4. 匆匆　cōngcōng　（形）匆匆忙忙的样子　hurriedly
5. 麻木　mámù　（形）感觉不灵。如：表情麻木、感觉麻木　numb
6. 悲观　bēiguān　（形）不积极，对事物的发展缺乏信心　pessimistic
　　←→乐观
7. 此　　cǐ　（代）这、这个。如：此时、此事、此人　this
8. 情景　qíngjǐng　（名）情况和景象　scene, sight
　　≈情况
9. 缩　　suō　（动）没伸开或伸开了又收回去。如：缩回去、缩进去　to draw back
　　←→伸
10. 救命　jiùmìng　（动）to save one's life
11. 无可奈何　wúkěnàihé　实在没有办法
12. 鲜艳　xiānyàn　（形）色彩明亮美丽　bright-coloured
13. 包围　bāowéi　（动）四面围住　to surround
14. 课堂　kètáng　（名）上课时的教室　classroom
15. 聚精会神　jùjīnghuìshén　集中精力、提高注意力
16. 深刻　shēnkè　（形）内心的印象、感觉很强烈；接近或达到事物的本质　profound
17. 培育　péiyù　（动）照顾幼小的动物、植物，使顺利成长　to cultivate
18. 无所作为　wúsuǒzuòwéi　没有什么成就
19. 突出　tūchū　（形）超出一般。如：成绩突出、突出的表现　outstanding
20. 沙漠　shāmò　（名）地面全是沙子、缺水干燥的地区　desert
21. 特点　tèdiǎn　（名）特殊的地方　characteristic, distinguishing feature

22. 瓣　bàn　（名）花朵的一片　segment

23. 独特　dútè　（形）特有的、特别的。如：独特的想法、很独特　unique, distinctive
　　≈特别

24. 弯曲　wānqū　（形）不直　curve, crooke

25. 插　chā　（动）把细长的东西扎进别的东西里　to stickin, to insert

26. 积累　jīlěi　（动）长期不断地增加和集中。如：积累经验、积累知识　to accumulate

27. 养分　yǎngfèn　（名）物质中能给人或动植物营养的成分　nutrient

28. 惋惜　wǎnxī　（形）对人或事表示同情、可惜　to feel sorry for sb. or sth.
　　≈可惜

29. 大自然　dàzìrán　（名）自然界　nature

30. 然而　rán'ér　（连）表示转折　but
　　≈可是　但是

31. 其　qí　（代）他（她、它）或他们的（她们的、它们的）　his (her\its\their)

32. 方式　fāngshì　（名）方法和形式　way, fashion

33. 宣告　xuāngào　（动）正式宣布。如：宣告结束、宣告失败　to declare
　　宣－宜

34. 赞美　zànměi　（动）称赞、夸奖　to praize

35. 青春　qīngchūn　（名）青年时期　youth

36. 勇往直前　yǒngwǎngzhíqián　勇敢地向前进，不后退

37. 轰轰烈烈　hōnghōnglièliè　形容运动或场面气势很大、规模很大

38. 顽强　wánqiáng　（形）不怕失败、能坚持。如：顽强的人、很顽强　indomitable

39. 奋斗　fèndòu　（动）非常努力地工作　to struggle

40. 耗　hào　（动）用尽。如：耗时间、耗精力　to cousume, to cost

41. 一生　yìshēng　（名）人从生到死的整个过程　all one's life, throughout one's life
　　≈一辈子

42. 精力　jīnglì　（名）精神和体力，如：精力好、有精力　energy, effort

43. 漫长　màncháng　（形）道路或时间很长　very long

课 文

（一）带刺的玫瑰

路边开满了带刺的玫瑰花，三个步行者从这里经过。

第一个脚步匆匆，他什么也没看见。

第二个叹了口气："天哪！花中有刺。"

第三个却眼睛一亮："不！应当说刺中有花。"

5　第一个人挺麻木，他看不到风景；第二个人挺悲观，风景对他没有意义；至于第三个嘛，则是个乐观积极的人。

那么您呢？您是哪一个？

路边的玫瑰热烈地开着，三个人走了过来。

10　第一个伸手就摘，结果被刺得鲜血直流。

第二个见此情景，赶紧缩回了正想摘花的手。

第三个则小心翼翼地伸出手来，把其中最漂亮的那一朵摘了下来。

那天夜里，三人都做了个梦：第一个被梦中的刺吓得大喊救命；第二个对着梦中的玫瑰无可奈何地叹着气；第三个则被鲜艳的玫瑰花包围着，在梦中，他听到了玫瑰的笑声。

15

课堂上，老师正在讲着玫瑰，学生们聚精会神地听着。

讲完了，老师问学生："你最深刻的印象是什么？"

第一个回答："是可怕的刺！"

第二个回答："是美丽的花！"

20　第三个回答："我想，我们应当培育出一种不带刺的玫瑰。"

多年之后，前两个学生都无所作为，只有第三个学生取得了突出的成就。

（据《读者》1997 年 10 期　张玉庭"蔷薇的启示"改写）

（二）美丽一次

在非洲的沙漠上，有一种叫依米的小花。这种花很有特点，花有四瓣，每瓣一种颜色：红、白、黄、蓝。它的独特之处并不仅在此，在那里，根多、根大的植物才能很好地生长，而它的根，却只有一条，弯弯曲曲地插入地下深处。通常，它要花 5 年的时间把根深深地扎入地下，然后一点一点地积累养分，在第 6 年春，才开出一朵小小的四色鲜花。尤其让人惋惜的

5　是，这种极难长成的小花，花开的时间并不长，仅仅两天时间，它就死了。

依米花的生命过程很短，它们只是大自然中极为弱小的一员，然而，它们却以其独特的生命方式向人们宣告：生命只有一次，美丽只有一次。

一次，就够了！一次，就值得赞美！

一次的青春，一次的美丽，一次的成功，一次的勇往直前，一次的轰轰烈烈……

一次，仅仅一次，却需要长时间艰苦顽强的奋斗，它甚至需要耗尽一个人一生的时间和精力！

人生的道路远比依米花的一生漫长，可是，在这段漫长的人生之路上，我们不一定会比依米花做得更好。

（据《读者》2001年23期 轮子的同名文章改写）

5

重点词语学习

一 匆匆 形容词，形容匆匆忙忙的样子。多做状语，也可做谓语。

1. 第一个脚步匆匆，他什么也没看见。
2. 他匆匆吃了饭，就去上班了。
3. 我这次去上海，来去匆匆，没时间去看朋友。

"匆忙"与"匆匆"意思差不多，常可互换。但"匆忙"只用来形容人事情忙、动作快，而"匆匆"还可用来形容时间等快；另外，"匆忙"前面可以加"很、太、非常、这么、那么、有点儿"等，"匆匆"不可以。

4. 他走得太匆忙，连书包也忘了带。
5. 你这么匆忙，干什么去呀？
6. 我来得有点儿匆忙，把这事忘了。
7. 岁月匆匆，转眼之间他的头发都白了。

二 缩 动词，在课文中表示伸出去又收回来，常带宾语或补语。

1. 第二个见此情景，赶紧缩回了正想摘花的手。
2. 他刚想出去，听见声音，又缩回去了。

"缩"还可以表示东西由大变小，由长变短，此时一般不带宾语。

3. 衣服洗了以后，缩了两公分。
4. 美国的缩写是USA。
5. 这个城市只是中国的一个缩影。

三 无可奈何 成语，表示实在没有办法了。多做谓语、状语。

1. 第二个对着梦中的玫瑰无可奈何地叹着气。
2. 老李无可奈何地说："就按你说的办吧。"
3. 他还是个不懂事的孩子，警察对他也无可奈何。
4. 对于自己的错误，他丝毫也不在意，我们也无可奈何。

四 聚精会神 成语，意思是集中精神和注意力听或看。多做状语。

1. 老师在讲着玫瑰，学生们聚精会神地听着。
2. 他正聚精会神地看书，根本没发现进来了一个人。
3. 孩子们聚精会神地听老师讲故事。
4. 看他那聚精会神的样子，我不忍心打扰他，就悄悄走了。

五 **深刻** 形容词。意思是内心的印象、感觉很强烈；也可表示接近或达到事物的本质。可做谓语、定语、状语。

1. 你最深刻的印象是什么？
2. 他对这个问题的认识很深刻。
3. 这篇文章深刻地分析了改革开放的重大意义。
4. 这次事故给我们的教训相当深刻。

六 **突出** 形容词。意思是超出一般，很明显。多做谓语、定语。

1. 只有第三个学生取得了突出的成就。
2. 王教授在神经外科方面做出了突出的贡献。
3. 在比赛中，杰克表现得很突出，一个人踢进了三个球。
4. 这件事突出地表现了中国人顽强奋斗的精神。

七 **独特** 形容词，意思是单独具有的、和别的不一样。多做谓语、定语。

1. 依米花的独特之处并不仅在此。
2. 它以其独特的生命方式向人们宣告：生命只有一次。
3. 每个国家和民族都有自己独特的风俗。'
4. 张华的设计很独特，很吸引人。

八 **积累** 动词。意思是一点一点地不断地增加和集中，常带宾语。

1. 依米花一点一点地积累养分。
2. 一天学10个单词，一年下来，就可以积累三千多个。
3. 他把多年积累的资料送给了我，这对我是极大的帮助。

九 **方式** 名词。说话做事时所采取的方法和形式。

1. 然而，它们却以其独特的生命方式向人们宣告："美丽只有一次。"
2. 东方人和西方人的生活方式有很多差别。
3. 批评学生要注意方式，否则，不会有好的效果。

"方法"和"方式"相近，但"方法"侧重于"法"，即解决问题的具体做法；而"方式"侧重于"式"，即事情进行的外部形式。常说"学习方法、工作方法、生活方式、生产方式"。"方法"可以直接受形容词的修饰（新方法、好方法、老方法），而"方式"一般不可。

4. 医生用了很多方法给他治病。
5. 用新方法培育出来的玫瑰，花朵特别大，特别香。

十 **顽强** 形容词。意思是坚强有毅力，不怕失败，能坚持下去。可做谓语、定语、状语。

1. 一次，仅仅一次，却需要长时间艰苦顽强的奋斗。
2. 他很顽强，做事有一种勇往直前的精神。

3. 李华虽然受了伤，但他仍然顽强地坚持到比赛结束。

> "坚强"也是形容词，和"顽强"相近，但"坚强"多指能受得住痛苦和打击，"顽强"多指不怕失败，能坚持下去。

4. 她忍受着痛苦，坚强地活下来了。

5. 老人已经去世了，你要坚强些，不要太难过。

十一 **一生** 名词。指从生到死整个过程。

1. 它甚至需要耗尽一个人一生的时间和精力。

2. 人生的道路远比依米花的一生漫长。

3. 他把自己的一生贡献给了科学事业。

4. 他一生辛苦，没好好享受过。

> "一辈子"和"一生"相近，但"一辈子"只用于人，"一生"还可用于动植物。"一辈子"可以用"一生"换，但"一生"却不一定可以用"一辈子"换。

5. 老人一辈子都在为儿女操心。

6. 老太太一辈子没有坐过飞机。

7. 狗的一生都在为主人服务。

十二 **漫长** 形容词。形容时间或道路很长。多做谓语、定语。

1. 人生的道路远比依米花的一生漫长。

2. 在这段漫长的人生之路上，我们不一定会比依米花做得更好。

3. 从古代到现代，是一个漫长的历史过程。

4. 中国队夺取冠军的道路还很漫长。

一、至于第三个嘛，**则**是个乐观积极的人。 ／ 第三个**则**被鲜艳的玫瑰花包围着。

"**则**"，连词，用在后面的分句中。表示对比。"则"一定要用在主语之后：

1. 我给爸爸捶背，妹妹则给妈妈揉肩。
2. 我喜欢听古代音乐，小明则喜欢听现代音乐。
3. 对于这件事，有人十分赞成，有人则不以为然。

二、第二个见**此**情景，赶紧缩回了正想摘花的手。

"**此**"，代词，做定语。多用于书面，指代前面提到的人或事，相当于"这个""这里"：

1. 他来到北京，准备在此停留一周。
2. 前几天出现了一点误会，但此事丝毫不会影响我们之间的关系。
3. 杰克是加拿大人，来中国三年了，此人会说五种语言。

三、**尤其**让人惋惜的是，这种极难长成的小花仅仅两天时间就死了。

"**尤其**"，副词，做状语。表示在人或物的比较中特别突出：

1. 玛丽喜欢吃中国菜，尤其喜欢吃四川菜。
2. 这几个学生的成绩都不错，尤其是小川富子。
3. 桂林的风景很美，春天的风景尤其美。

四、这种**极**难长成的小花…… ／ 它们只是大自然中**极为**弱小的一员……

"**极、极为**"，都是副词，修饰形容词，作状语。意思基本相同，但用法有差别："极"既可以修饰双音节形容词，也可修饰单音节形容词，而"极为"只可以修饰双音节形容词。所以，"极为"一般可用"极"换，而"极"却不一定可用"极为"来换：

1. 以前这个湖没被污染，水极清。
2. 这个地方白天和晚上温度差别很大，中午极热，夜里极冷。
3. 小丽穿了一条极鲜艳的裙子。
4. 两天内完成这个工作是极为困难的。
5. 李蓝极为能干，这件事交给她，你完全可以放心。

五、依米花的生命过程很短，**然而**，它们却以其独特的生命方式向人们宣告。

"**然而**"，连词，表示转折，用法与"但是、可是"基本相同，多用于书面：

1. 生活条件的确艰苦，然而，大家的情绪却很乐观。
2. 我说的这些你们可能不相信，然而这的确是事实。
3. 依米花的生命很短，然而她的生命却很独特。
4. 自然是伟大的，然而人类更伟大。
5. 我爱广州，然而我更爱建设广州的人民。

六、然而，它们却<u>以</u>其独特的生命方式向人们宣告。

"<u>以</u>"，介词，与名词一起组成介词短语，做状语。表示动作行为的方式、手段，相当于"用、拿、按、靠"等：

1．我将以我自己独特的方式来处理这件事。
2．你必须以认真的态度来对待学习和工作。
3．桂林以她美丽的山水吸引了中外游客。

七、依米花以<u>其</u>独特的生命方式向人们宣告。

"<u>其</u>"，代词，多做定语、宾语。指代前面提到的人或事，相当于"他（她它）们"或"他（她它）们的"，多用于书面：

1．我认为孔雀对我没帮助，因此将其放弃。
2．动词和形容词，其用法是有差别的。
3．老张需要住院治疗，请尽快通知其子女。

八、人生的道路<u>远</u>比依米花的一生漫长。

形容词"<u>远</u>"用于介词"比"之前，表示被比较的两者之间相差的程度大：

1．玛丽的汉语水平远比我高。
2．他弟弟远比他聪明。
3．我的听力远比他强。
4．我的能力远没有他强。
5．小张远没有小王能干。

九、我们<u>不一定</u>会比依米花做得更好。

"<u>不一定</u>"，固定结构，与"说不定"相近，都表示不确定。但"不一定"侧重表示"不可能"，而"说不定"侧重表示"有可能"：

1．别等了，他今天不一定来。
2．再等一会吧，他今天说不定会来。
3．我还是带把伞，今天说不定会下雨。
4．我不带伞了，今天不一定会下雨。

一、给下列形似字注音并组词：

则	精	情	龙	宣	何
刚	清	静	尤	宜	河

借	级	睛	此	漫	熟
惜	极	晴	比	慢	热
错	纪	请	些	馒	烈

二、给下列词中加色字注音：

积累_____   劳累_____   水分_____   养分_____   分别_____

分数_____   分开_____   为了_____   成为_____   无所作为_____

三、根据意思填出成语：

1．没有办法，没有能力去做。（   ）

2．没有一点成就，没有做出成绩。（   ）

3．得到了意外的好消息，特别高兴，特别欢喜。（   ）

4．不认为别人的说法或做法是正确的，不同意不赞成。（   ）

5．结果和事先预想的完全一样。（   ）

6．做事非常小心的样子。（   ）

7．从这些可以看出来、可以了解到。（   ）

8．天地的尽头，形容很远很远的地方。（   ）

9．说话时说一句又停一下，不敢说或不愿说的样子。（   ）

10．形容感情、友谊、爱情和天地一样长久。（   ）

11．希望一路上都很顺利。（   ）

083

四、同义词填空：

（漫长 长）

1．我和他认识的时间不_____，但他给我留下了深刻的印象。

2．毕业后，我来到西部，在那里度过了_____的15年。

3．这条小路又细又_____，一直通向山顶。

4．人生的道路虽然_____，但青春却很短。

（方式 方法）

5．你们用什么_____联系？是打电话还是发邮件？

6．今天，王老师用新的_____上口语课，课堂上非常活跃。

7．老师要不断改进教学_____，才能提高教学质量。

8．你在全班同学面前批评他，这种_____不大合适。

（顽强　坚强）

9. 她是个_____的人，从来没见她流过眼泪。

10. 比赛打得相当激烈，双方队员都很_____，结果是 0：0。

11. 经过_____的努力，他终于成功了。

12. 在困难和痛苦面前，他很_____。

（匆匆　匆忙）

13. 她走得很_____，很多东西都忘了带。

14. 办完了事，他_____离开了北京。

15. 这个勇敢的年轻人，没来得及实现自己的理想，就_____离开了人间。

16. 时间还早，别这么_____。

17. 因为天气不好，运动会_____结束了。

（情景　情况）

18. 你了解到的_____很重要。

19. 你知道小王最近的_____吗？

20. 十几年过去了，可我还清楚地记得我们一起读书时的_____。

21. 儿女们忙着打扫房间，有的拖地，有的擦窗户，看到这种_____，父母高兴得满脸笑容。

（宣告　宣布）

22. 老师_____，下星期一考试。

23. 1949 年，中华人民共和国_____成立。

24. 1945 年，战争_____结束。

25. 李卫向大家_____了一个好消息。

五、选词填空：

（耗　刺　插　缩　）

1. 这种空调_____电太多。

2. 他的话深深地_____伤了我的心。

3. 大家都在排队上车，你不应该_____队。

4. 我们给儿子准备了一个生日蛋糕，蛋糕上_____着 18 根蜡烛。

5. 棉布的衣服洗了之后一般都会_____小。

6. 这些玫瑰真漂亮，快_____进花瓶吧。

7. 我的手不小心被针_____了一下，有点疼。

8. 他爷爷为这件事_____费了很多金钱和精力。

9. 大桥通车后，广州到长沙的距离将_____短 200 多公里。

10. 他刚想摘花，想起了老师的话，又把手_____了回去。

（积累　惋惜　培育　突出　青春）

11. 经过几年的实验，农业科学家_____出了一种甜玉米。

12．只要不断＿＿＿＿＿＿，知识就会越来越丰富。

13．＿＿＿＿＿是宝贵的，每个人只有一次，千万不能浪费它！

14．上海队没能得到冠军，大家都为他们感到＿＿＿＿＿＿。

15．每个音节都有声调，这是汉语语音的＿＿＿＿＿特点。

六、给括号里的词选合适的位置：

1．A 大多数人都 B 无所作为，C 他 D 干出了一番轰轰烈烈的大事业。（只有）

2．A 广州队 B 打得很顽强，C 是 3 号，D 受了伤还坚持打。（尤其）

3．A 老李虽然已经年过半百，B 他 C 仍然保持着那种 D 勇往直前的精神。（然而）

4．这时候，A 哈尔滨 B 已经是冰雪的世界，C，广州 D 还是鲜花的世界。（然而）

5．我对 A 事一点 B 兴趣也没有，C 你别说 D 了。（此）

6．A 我 B 喜欢 C 韩国歌曲，D 是那首《阿里郎》。（尤其）

7．小王 A 比较 B 乐观，C 小陈 D 比较悲观。（则）

8．玫瑰花 A 不仅漂亮，B 花瓣 C 还可以用 D 来泡茶。（其）

9．A 我是中国人，B 她是韩国人，C 那个姑娘，D 则是泰国人。（至于）

10．A 有人 B 说他不去是对的，C 我 D 为他失去机会而感到惋惜。（则）

七、用括号里的词改写句子：

1．"珍重"是个动词，它的作用主要是做谓语。（其）

2．小王说了自己的意见，然而，许多人对小王的意见不以为然。（其）

3．根据玫瑰花的颜色，可以将玫瑰花分为 5 种。（其）

4．我在这里代表全班同学向你表示感谢。（此）

5．这个人很悲观，对什么都没有信心。（此）

6．一般的植物都有很多根，而依米花只有一根。（则）

7．毕业后，李宁一直无所作为，而郑敏取得了突出的成就。（则）

8．小英唱歌唱得特别好，比我强多了。（远比）

9．对这些事，我不太在意，他比我在意得多。（远比）

10．对于这件事，我实在无能为力。（此）

八、指定的词语回答问题：

1．你家院子里种花了吗？（包围）

2．植物生长需要什么？（养分）

3．爷爷奶奶身体怎么样？（精力）

4．你去过长城吗？有什么看法？（赞美）

5．从哪条路可以到河边？（弯弯曲曲）

6．你觉得我这件衣服怎么样？（鲜艳）

7．你听过京剧吗？好听不好听？（独特）

8．你是骑车来的还是坐车来的？（步行）

9．上课的时候你发言积极吗？（课堂）

10．你去过北京吗？印象怎么样？（深刻）

九、选择括号中的词语完成句子：

（无所作为　无可奈何　聚精会神　轰轰烈烈　勇往直前）

1．在课堂上，同学们＿＿＿＿＿＿＿＿＿＿＿＿＿＿＿＿＿＿，只有小明在睡觉。

2．在人生的道路上，我们不能怕失败，要＿＿＿＿＿＿＿＿＿＿＿＿。

3．北京申请举办奥运会的宣传活动＿＿＿＿＿＿＿＿＿＿＿＿＿＿。

4．这个学生谁的话都不听，＿＿＿＿＿＿＿＿＿＿＿＿＿＿。

5．毕业二十年了，他＿＿＿＿＿＿＿＿＿＿＿＿＿＿＿＿。

6．小华正在＿＿＿＿＿＿＿＿＿＿＿＿＿，我没有打扰他。

7．我不愿意＿＿＿＿＿＿＿＿＿＿＿＿＿＿，而希望在事业上取得突出的成就。

8．他＿＿＿＿＿＿＿＿＿＿＿＿说："你要去就去吧，我不管。"

9．他一生虽然没做过＿＿＿＿＿＿＿＿，但他一直很认真，很努力，这样的人是值得尊敬的。

10．希望你们不怕困难，＿＿＿＿＿＿＿＿＿＿＿＿＿＿＿＿。

十、判断下列句子是对还是错，并改正错句：

1．无论雨下得很大，我也要去学校。

2．你无论不同意，我也要选择这个专业。

3．老人没有儿女，只有一只猫陪同着他。

4．我们准备一同去看老师。

5，我们俩每天共同去上学。

6．李老师同意，则张老师不同意。

7．夏天这里的温度极为高。

8．你去问小王吧，他不一定知道这事。

9．哪怕你同意了，可是妈妈还是不同意。

10．提高教学质量，是我们的共同目标。

十一、综合填空：

　　沙漠里生长着一种小花，这种花很__1__。它的花有四瓣，每瓣一种颜色。它只有一条根。这种花积累养分需要__2__的5年，到第6年春天才开花，但只开__3__的两天就死了。这种花的生命虽然很__4__，但它很__5__，为了一生只有一次的美丽和成功，它耗尽了生命。这种精神，__6__我们赞美和学习。从这种小花的身上，我们认识到一个__7__的道理：人的一生只要有一次成功，就是美丽的、伟大的；为了这一次的成功，需要付出__8__、长时间的努力。需要不怕困难，__9__。

1．A.特点　　　B.单独　　　C.独自　　　D.独特

2．A.长　　　　B.漫长　　　C.短　　　　D.很短

3．A.短短　　　B.短　　　　C.长短　　　D.不长

4．A.短短　　　B.短　　　　C.长　　　　D.漫长

5．A.美丽　　　B.强大　　　C.弱小　　　D.顽强

6．A.应当　　　B.应该　　　C.值得　　　D.向

7．A.悲观　　　B.乐观　　　C.成功　　　D.深刻

8．A.艰苦　　　B.艰苦的　　C.艰苦地　　D.苦的

9．A.轰轰烈烈　B.聚精会神　C.勇往直前　D.无所作为

十二、语段填空：

（ 如果　大　治病　鲜艳　常　都　喜爱　浓　其中　培育 ）

牡丹是中国人特别 __1__ 的一种花，它花朵 __2__ ，香味 __3__ ，颜色 __4__ ，被称为"花中之王"。牡丹在全国各地 __5__ 有， __6__ 河南洛阳的牡丹最有名，人们 __7__ 说："洛阳牡丹甲天下。"牡丹花的根和皮还可以做中药，用来 __8__ 。牡丹又怕热又怕冷， __9__ 它要花很大精力， __10__ 掌握不好，很难让它开花。

十三、谈一谈：

在你们国家，人们最喜爱什么花？这种花有什么特殊的意义？

十四、写一写：

介绍你喜欢的一种花。

（花的颜色、样子，什么时候开花，开多长时间等）

心安草的故事

　　有一天，一个国王独自到花园里散步，他发现花园里所有的花草树木都干枯了，花园中一片荒凉。国王大吃一惊。后来，国王了解到，橡树（oak）由于没有松树（pine）那么高大，因此伤心得死了；松树又因为自己不能像葡萄那样结很多果子，感到悲哀，也死了；葡萄觉得自己只能爬在架子上，不能直立，也不能开出美丽的花来，于是也死了；喇叭花（morning
5　glory）也病倒了，因为它觉得自己没有其它花那么香；其余的植物也都没有一点精神，只有最细小的心安草在茂盛（luxuriant）地生长。

　　国王问道："小小的心安草啊，别的植物都干枯了，你为什么这么乐观，这么勇敢呢？"

　　小草回答："国王啊，我一点也不伤心难过，因为我很满足，我很安心做小小的心安草。"

　　国王很感动，他说："你们过去是花园里最不引人注意的，现在，我要让你们成为最引人
10　注意的。以后我不再让园丁种其它的花草树木了，只让他们照顾你们，给你们最充足的水分和养分，给你们最好的照顾。"

　　于是，花园里就只剩下心安草了，花园里的风景变得单调了。但奇怪的是，心安草却开始变得不安心了，它们的要求越来越高，越来越多，它们要求有更好的照顾和营养。它们以为只要有了更多更好的营养，自己就能变得像松树那么高大，像葡萄那样结出果子，像其它
15　花那么美丽，那么香。可是，结果并不是那样。它们非常苦恼，非常悲哀，于是，越来越没精神。

　　更糟糕的是，心安草不能再接受其它的花草了，有时风或鸟带来其它花的种子，它们就要求园丁把这些花草除去。它们甚至自己内部也互相不满意，经常互相争吵。

　　后来，当国王再一次来到花园时，他看到，心安草也干枯了。
20

（据何怀宏《珍爱生命》中有关内容改写）

练习：

　　请复述这个故事。并谈谈你的感想。

第七课

招 聘

提示：

　　不同国家、不同民族的人对同一件事往往会有不同的看法和做法。这里说的是一个有趣的小故事，虽然听起来像个笑话，但却反映了不同的思想观念和不同的文化背景。

生 词

1. 招聘　zhāopìn　（动）用公开的方式聘请人担任工作　invite applications for a job
2. 职员　zhíyuán　（名）机关、企业、学校里的行政或业务人员　office worker
3. 笔试　bǐshì　（名）要求把答案写在纸上的考试方法　written examination
4. 面试　miànshì　（名）面对面进行的考试
5. 应聘　yìngpìn　（动）参加招聘、接受考试
6. 挑选　tiāoxuǎn　（动）找出合要求的　to choose, to select
　　　　≈选择
7. 优胜　yōushèng　（形）成绩好、超出别人　winning, superior
8. 名单　míngdān　（名）记录名字的纸片　name list
9. 公布　gōngbù　（动）公开宣布、让大家都知道　announce; publish
　　　　≈宣布
10. 一时　yìshí　（副）短时间内、一个时期内　for a short while
11. 想不开　xiǎngbùkāi　为不愉快的事而烦恼，总忘不了
12. 自杀　zìshā　（名）自己杀死自己　to take one's own life
　　　　←→他杀
13. 幸亏　xìngkuī　（副）正好有某种有利条件避免了灾难　luckly
14. 亲人　qīnrén　（名）家里的人或关系亲密，感情很深的人　one's family members
15. 悲伤　bēishāng　（形）悲痛伤心　sad, sorrowful
　　　　≈悲哀
16. 名列前茅　mínglièqiánmáo　名次排在前面
17. 导致　dǎozhì　（动）引起　to lead to, to bring about
18. 落选　luòxuǎn　（动）没有被选上　to fail in an election
19. 慎重　shènzhòng　（形）认真考虑。如：很慎重、慎重考虑　prudent; discreet
20. 招收　zhāoshōu　（动）通过考试或其他方法选定合格的人　to recruit, to take in

21．如此　rúcǐ　（代）这样。如：如此认真、如此努力　so, such
22．挫折　cuòzhé　（名）失败、不顺利　frustration, defeat
　　　折－析
23．承受　chéngshòu　（动）接受压力。如：不能承受、承受不了　to withstand
24．素质　sùzhì　（名）事物本来的特点；知识、技术、思想等方面的水平　quality
25．前途　qiántú　（名）前面的道路，比喻将来的情景　future, prospect
26．律师　lǜshī　（名）lawer
　　　＞教师　厨师　工程师　摄影师
27．纷纷　fēnfēn　（副）一个接一个地、多而乱　one after another
28．失误　shīwù　（名）由于粗心或水平不高而造成的错误　fault, muff
29．造成　zàochéng　（动）引起。如：造成误会、造成失败　to creat, to cause
　　　≈导致
30．打击　dǎjī　（动、名）使人受到损失和伤害。如：严重打击、打击敌人　to strike
31．千方百计　qiānfāngbǎijì　想尽一切办法
32．鼓动　gǔdòng　（动）用语言文字等鼓励别人，使他们行动起来　to agitate, to arouse
33．法院　fǎyuàn　（名）court
34．支付　zhīfù　（动）付出钱。如：支付生活费、支付药费　to pay
35．笔　bǐ　（量）用于跟钱有关的计算。如：一笔账、一笔钱

36．赔偿　péicháng　（动）因给别人造成损失而赔给对方钱或物　to compensate
　　　赔－陪－倍
37．自愿　zìyuàn　（动）自己主动愿意。如：自愿参加、自愿服务　to volunteer
38．担任　dānrèn　（动）接受某种职务或工作　to assume the office of
39．作风　zuòfēng　（名）思想、工作和生活上表现出来的态度、行为　style of work
40．毫无　háowú　一点也没有。如：毫无兴趣、毫无作用
41．堆　duī　（量）用于放在一起的很多东西　heap, pile
42．拜访　bàifǎng　（动）有礼貌地访问　to call on
43．多亏　duōkuī　（动）由于别人的帮助而避免了不愉快的事　thanks to
　　　≈幸亏
44．万分　wànfēn　（副）表示程度非常高
45．恩情　ēnqíng　（名）很深的感情、得到的或给别人的好处　loving-kindness
　　　恩－思　＞感情　爱情　热情

课 文

日本的一家公司要招聘10名职员，经过一段时间严格的笔试面试，公司从300多名应聘者中挑选出了10位优胜者。

名单公布这天，一个叫水原的青年见名单上没有自己的名字，一时想不开，回到家中便要自杀，幸亏亲人及时发现，水原没有死成。正当水原悲伤之时，从公司传来好消息：水原的成绩原是名列前茅的，只是由于电脑的错误，导致了水原的落选。正当水原一家人喜出望外之时，从公司却又传来消息：公司老板经过慎重考虑，做出决定，不打算招收水原。原因很简单，老板认为："如此小的挫折都承受不了，说明他的心理素质很差，这样的人在公司干不成什么大事，会影响公司的发展前途。"

美国的一家公司要招聘10名职员，经过一段时间严格的笔试面试，公司从三百多名应聘者中挑选出了10位优胜者。

名单公布这天，一个叫汤姆的青年见布告上没有自己的名字，一时想不开，回到家中便要自杀，幸亏亲人及时发现，汤姆没死成。正当汤姆悲伤之时，从公司传来好消息：汤姆的成绩原是名列前茅的，只是由于电脑的错误，导致了汤姆的落选。正当汤姆一家人喜出望外之时，美国各地有名的律师纷纷来到汤姆的家中，他们认为，由于这家公司的失误，给汤姆的精神造成了严重的打击和伤害。他们千方百计地鼓动汤姆去法院告这家公司，让公司支付一大笔"精神赔偿费"，并自愿担任汤姆的律师。

德国的一家公司要招聘10名职员，经过一段时间严格的笔试面试，公司从三百多名应聘者中挑选出了10位优胜者。

名单公布这天，一个叫肖恩的青年见布告上没有自己的名字，一时想不开，回到家中便要自杀，幸亏亲人及时发现，肖恩没死成。正当肖恩悲伤之时，从公司传来好消息：肖恩的成绩原是名列前茅的，只是由于电脑的错误，导致了肖恩的落选。肖恩喜出望外，肖恩的父母却反对自己的儿子进入这家公司。他们的理由是：这家公司的工作作风如此马虎，进入这家公司对儿子的成长毫无好处。

中国的一家公司要招聘10名职员，经过一段时间严格的笔试面试，公司从三百多名应聘者中挑选出了10位优胜者。

名单公布这天，一个叫晓东的青年见布告上没有自己的名字，一时想不开，回到家中便要自杀，幸亏亲人及时发现，晓东没死成。正当晓东悲伤之时，从公司传来好消息：晓东的成绩原是名列前茅的，只是由于电脑的错误，导致了晓东的落选。晓东喜出望外，晓东的父母从商店买来一大堆礼物，来公司拜访老板，见到老板便跪了下来，流着热泪说："多亏你们救了我儿子，我们全家感激万分，永远不会忘记你们的恩情！"

（据《读者》2001年12期贺丙晨的同名文章改写）

091

重点词语学习

一　招聘　应聘　都是动词。意思相反。"招聘"指用公开的方式招收人担任工作;"应聘"指接受招聘,参加招聘考试。

1. 日本的一家公司要招聘10名职员。
2. 公司从300多名应聘者中挑选出了10位优胜者。
3. 公司需要电脑方面的人才,准备去北京招聘。
4. 广州市政府招聘公务员,小刘和小马准备去应聘。
5. 这次来应聘的人很多,有不少是研究生。

二　挑选　动词。意思是从许多人或事物中选出一个合要求的。

1. 公司从300多名应聘者中挑选出了10位优胜者。
2. 经理打算从这些职员中挑选出一个做他的秘书。
3. 他挑选来挑选去,也没挑选出一个满意的。

"选择"与"挑选"意思相近,但选择的对象多是比较重大的东西,还可以是抽象的东西,如道路、职业等,而"挑选"的一般是具体的东西;另外,"选择"还有名词的用法,"挑选"则没有。

4. 考虑了很久,我选择首先放弃孔雀。
5. 孩子已经长大了,应该让他自己选择职业。
6. 犹豫了一会儿,他做出了选择。

三　想不开　习语。指因不愉快的事而烦恼,总也忘不了。反义为"想得开、想开了"。

1. 水原一时想不开,回到家中便要自杀。
2. 他这个人比较悲观,一点小事就想不开。
3. 你可别为这事想不开,谁能一辈子没有挫折呢?
4. 这事我能想得开,你放心好了。
5. 这事我已经想开了,落选了没什么,我还会继续努力的。

四　悲伤　形容词。做谓语、定语、状语、补语。意思是心里很痛苦、伤心。

1. 正当水原悲伤之时,从公司传来好消息。
2. 他哭得这么悲伤,出了什么事?
3. 水原十分悲伤地对朋友说:"我实在受不了了!"
4. 听到朋友自杀的消息,他流下了悲伤的眼泪。

"悲哀"与"悲伤"意思相近，但"悲哀"还可作名词，表示由于某种原因而引起的遗憾、难过。

5. 听朋友一说，我顿时明白了我的悲哀。
6. 大家都不喜欢他，都不愿和他交往，这是他的悲哀。

五 **导 致** 动词，一般都带宾语。意思是引起、造成某种不好的后果。

1. 只是由于电脑的错误，导致了水原的落选。
2. 一个小烟头导致了一场大火。
3. 做这个工作必须认真细心，任何一点马虎都可能导致严重的后果。

六 **如 此** 代词，指代前面提到的人或事，做谓语、状语，相当于"这样"。

1. 如此小的挫折都承受不了，说明他的心理素质很差。
2. 没想到他竟然会如此麻木，对周围的一切都不注意、不关心。
3. 他每天早上六点钟起床锻炼，天天如此，年年如此。
4. 汤姆喜欢打网球，我也如此。

七 **挫 折** 名词。指困难、失败等不顺利的事。

1. 如此小的挫折都承受不了，说明他的心理素质很差。
2. 遇到挫折时，不要悲观，要顽强地奋斗，要勇往直前。
3. 邓林在工作和生活中遇到许多挫折，但这并没有使他失去信心和勇气。
4. 困难和挫折是对一个人的考验，并不可怕。

八 **素 质** 名词。指人在理论、知识、艺术、道德、思想、健康等方面长期形成的一定的修养，达到一定的水平。

1. 如此小的挫折都承受不了，说明他的心理素质很差。
2. 李强的身体素质好，平时很少生病。
3. 吴华从小学习中国画，具有良好的艺术素质。
4. 他具有做教师的素质，但缺少经验。

九 **千方百计** 成语，做状语。意思是想尽一切办法。

1. 他们千方百计地鼓励汤姆到法院告这家公司。
2. 他千方百计让公司赔偿他一笔钱。
3. 别发愁，我们一定会千方百计找到他。
4. 市政府正在千方百计地解决交通问题。

十 担任 动词。接受某种职务或工作，多带定语。

1. 他们自愿担任汤姆的律师。
2. 这个学期由汤姆担任我们班的班长。
3. 这个学期李老师担任我们班的班主任。

一、**一时**想不开，回到家中就要自杀。

"**一时**"，副词，做状语。表示较短的时间，相当于"暂时、一下子、临时"：

1．我一时糊涂，做错了事，请你原谅。

2．多年没见，他变化很大，我一时竟认不出他来了。

3．我一时想不起他的名字了。

4．这些钱我一时用不着，你先拿去用吧！

二、**幸亏**亲人及时发现…… ／ **多亏**你们救了我的儿子……

"**幸亏**""**多亏**"，都是副词，做状语。意思相近，经常可以互换，但又有差别："幸亏"指正好有某种有利的条件而避免了不好的事情发生，可用于人，也可用于事物；"多亏"一般用于人，指在人的帮助下避免了不愉快、不好的事情发生。"多亏"还有动词的用法，后面带指人的名词或代词，"幸亏"不可：

1．幸亏你叫醒了我，不然，我就迟到了。

2．幸亏律师千方百计地帮助他，他才获得了赔偿。

3．幸亏下了一场雨，不然，这些花就干死了。

4．幸亏天气暖和，否则你早就感冒了。

5．这件事多亏了小王！

6．今天多亏了你，否则我就没命了。

三、幸亏亲人及时发现，水原没有**死成**。

"**死成**"，动补结构。表示动作行为完成、实现。多用于否定句中：死不成、没死成。汉语中这样的结构很多：吃成、玩成、去成、看成、干成等等：

1．下午我本来要去看球赛，临时开会，没看成。

2．火车票没买到，去不成西安了。

3．明天有大雨，运动会开不成了。

4．刚才姐姐来电话叫我赶快回去，我得赶快走，你准备的饭我吃不成了。

四、**正当**水原悲伤**之时**……

"**正当……之时**"，固定结构，做状语。表示正好在这个时候。与"当……之时"意思差不多：

1．正当人们万分着急之时，他平安地回来了。

2．正当比赛紧张进行之时，下起了大雨。

3．正当火车就要开动之时，小李匆匆跑来了。

五、**只是**由于电脑的错误，导致了水原的落选。

"**只是**"，连词，连接句子，表示轻微的转折，通常是对前面的部分进行补充、解释，不表示相反或相对的意义，不和"虽然"配合。相当于"不过、不过是、但是"：

1．他的功课不怎么样，只是数学比较突出。

2．他受伤很重，不能说话，只是人很清醒。

3．我很想和你一起去内蒙古旅行，只是最近一点空闲也没有。

4．我身体不错，只是眼睛不太好。

六、美国各地有名的律师纷纷来到汤姆家中。

"**纷纷**"，副词，做状语。表示很多人或单位不断地做某事：

1．同学们纷纷表示要努力学习，争取通过汉语水平考试。

2．各个学校纷纷宣布扩大招生数量。

3．下课后，大家纷纷来到图书馆找资料。

七、进入这家公司对儿子的成长毫无好处。

"**毫无**"，意思是一点也没有。可与某些双音节名词或动、名兼类词组合成"毫无＋名词"的结构。常见的有：毫无兴趣、好处、作用、效果、错误、影响、意义、发展、进步、准备等等：

1．我对探险毫无兴趣。

2．这次考试我虽然毫无准备，但由于平时学得认真，考得还不错。

3．这种药吃了毫无作用，我的病一点也没好。

4．学了几个月汉语，我的阅读水平有提高，但发音仍然毫无进步。

八、我们全家感激万分。

"**万分**"，副词，修饰形容词或心理动词，做状语或补语。表示程度极高，相当于"非常、极其"：

1．见到老朋友，他激动万分。

2．春节时我们全家团圆，万分高兴。

3．这个工作可能会有危险，你一定要万分小心。

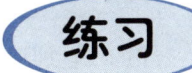

一、给下列形似字注音并组词：

赔	幸	培	折	恩	纷
陪	辛	被	析	思	粉

二、给括号里的词语选择合适的位置：

1．A 这些厚衣服 B 穿不着，C 下次 D 再带吧！（一时）
2．小伟 A 在这次数学比赛中 B 名列前茅。同学们 C 向他 D 表示祝贺。（纷纷）
3．为了 A 办好奥运会，这些 B 大学生 C 为奥运会 D 服务。（自愿）
4．A 什么事情 B 会让你 C 烦恼？说出来会 D 好受一些。（如此）
5．A 这位 B 司机，C 我们才能 D 及时赶到机场。（多亏）
6．A 孩子不小心 B 掉进了湖里，C 这位年轻人 D 救了他。（幸亏）
7．这是 A 由于你的失误造成 B 的，C 你应当 D 他的损失。（赔偿）
8．分别 A 多年的老朋友 B 见面了，大家 C 都激动 D。（万分）
9．A 小金的阅读、听力 B 都不错，C 发音 D 还存在一些问题。（只是）
10．一个月 A 连换 B 几个老师，这 C 对教学怎么能 D 影响呢？（毫无）
11．校长 A 宣布，B 由张先生 C 外事处 D 处长。（担任）
12．A 我要 B 上火车之时，C 经理 D 来电话叫我立刻回公司。（正当）

三、选词填空：

（承受　拜访　优胜　前途　担任　失误）

1．这次去杭州出差，我要去_____几个老朋友。
2．3 号注意力不集中，几次传球_____。
3．你要为自己的_____着想，不能总玩电脑。
4．1998 年以来，他一直_____这家中学的校长。
5．经过几十场比赛，天津队成为最后的_____者。
6．人必须有_____失败和痛苦的能力，否则就不可能获得成功。

（支付　素质　招收　打击　亲人　作风）

7．这笔钱要用来_____工人的工资，不能乱用。
8．李校长是一个工作_____非常认真的人，大家都很尊敬他。
9．小勇其他方面不错，只是缺少艺术_____。
10．中山大学去年从全国各地_____了 5000 名新生。
11．离开家乡这么多年了，他一直想念着家乡的_____。
12．美国曾经在 1991 年对伊拉克进行了军事_____，这就是所谓的"海湾战争"。

四、同义词填空：

（挑选　选择）

1．这个班的学生是经过严格_____的，学习成绩都很好。

2．做医生这一行，是我自己＿＿＿＿＿＿的。

3．苹果摘下来后，＿＿＿＿＿＿出大的、好的，运到城里去卖。

4．这是我最好的＿＿＿＿＿＿。

（幸亏　多亏）

5．＿＿＿＿＿＿你来接我，要不然，这么多东西，我怎么拿？

6．＿＿＿＿＿＿车开得慢，他才没受伤。

7．我能有今天的成就，＿＿＿＿＿＿了老师的指导。

8．老张，＿＿＿＿＿＿你呀！我才没出危险。

（公布　宣布）

9．上午九点钟，主席＿＿＿＿＿＿会议开始。

10．学校＿＿＿＿＿＿了获得奖学金学生的名单。

11．老师＿＿＿＿＿＿，由富美子同学担任班长。

12．快来看！比赛的结果已经＿＿＿＿＿＿。

（悲哀　悲伤　伤心）

13．老虎哭得极为＿＿＿＿＿＿，可猫知道这是假的。

14．7个宇航员为人类的航天事业献出了生命，全世界的人民都万分＿＿＿＿＿＿。

15．一辈子无所作为，被人看不起，这是我的＿＿＿＿＿＿。

16．这孩子一点也不懂事，总让妈妈＿＿＿＿＿＿。

17．为什么没有人来帮助老人？我感到＿＿＿＿＿＿。

18．他把＿＿＿＿＿＿藏在心里，不让任何人知道。

（失误　错误）

19．不请假就随便不来上课，这样做是＿＿＿＿＿＿的。

20．每个人在工作和生活中都不可避免地会犯＿＿＿＿＿＿，只要能改正就好。

21．他＿＿＿＿＿＿地认为他自己是没有任何责任的。

22．你看，5号发球又＿＿＿＿＿＿了，上海队又丢了一分。

23．由于我水平不高，工作中出现了＿＿＿＿＿＿。

（原因　理由）

24．你昨天没来上课，是什么＿＿＿＿＿＿？

25．我们必须弄清这次试验失败的＿＿＿＿＿＿才能成功。

26．任何人都要遵守学校的制度，你没有＿＿＿＿＿＿这么做。

27．你有什么＿＿＿＿＿＿不让小明参加足球队？

五、用括号里的词语回答问题：

1．水原为什么会落选？（失误　导致）

2．水原为什么要自杀？（想不开　落选）

3．日本的公司为什么不要水原？（挫折　前途）

4．肖恩的父母为什么反对肖恩进这家公司？（作风　毫无）

5．律师来汤姆家干什么？（法院　赔偿）

6．晓东的父母为什么要去拜访老板？（感激　礼物）

7．你把词典放在什么地方了？（一时　可能）

8．你刚从哈尔滨回来吗？那儿冷吗？（幸亏　受不了）

9．你的病好了没有？（基本上　只是）

10．如果我有困难，你会不会帮我？（千方百计）

六、用括号里的词语完成句子：

1．昨天我奶奶出门买东西时摔倒了，_____。（多亏）

2．_____，我才没迟到。（幸亏）

3．小林最近工作上遇到了一些挫折，_____。（想不开）

4．这次演讲比赛，_____。（名列前茅）

5．我太兴奋了，_____。（一时）

6．今年他没考上大学，这_____。（打击）

7．我早就想来看你，_____。（只是）

8．_____，我的老同学丁力来了。（正当……之时）

9．我原来打算"五一"去杭州玩，_____。（没 V 成）

10．电影票没买到，_____。（V 不成）

099

七、用括号里的词语改写句子：

1．我没想到他会在这么短的时间内完成任务。（如此）

2．广东省的经济发展比较快，在全国是前几名。（名列前茅）

3．这个问题我一下子想不出答案，让我晚上回去再想想。（一时）

4．听到奶奶去世的消息，小明伤心得不得了。（万分）

5．因为你的粗心，给公司造成了几十万元的损失。（导致）

6．选择专业关系到你的前途，你可一定要认真仔细地考虑。（慎重）

7．病人有生命危险，医生正在想尽一切办法救他。（千方百计）

8．这次事故(accident)是司机开车速度太快造成的，因此，司机应当给受伤的人出医药费。
（支付）

9．到半路，突然下起了大雨，正好路旁有家商店，我们赶快跑进去，才没淋湿。（幸亏）

10．大家都对市政府的工作提出了意见和建议。（纷纷）

11．去西藏探险，是他自己要求去的，我并没有勉强他。（自愿）

12．这次李强参加学生会主席的竞选 (campain for)，但最后没选上。（落选）

八、综合填空：

　　一个年轻人参加某公司的　1　考试，成绩优秀。但由于电脑出了错误　2　落选。失去了机会，这个青年很　3　，就要自杀。幸亏　4　亲人及时发现，救了他的命。这件事发生在不同的　5　，可能会有不同的结果：如果发生在日本，公司就会　6　招收这个青年，因为他的心理素质太差；如果发生在美国，这个青年就会去告这家公司，　7　赔偿精神损失；如果发生在德国，青年的父母就会反对儿子进这家公司　8　；如果发生在中国，青年的父母　9　会给公司老板送礼，感谢他救了儿子。

1．A．招聘　　　B．招收　　　C．举行　　　D．毕业
2．A．则　　　　B．以　　　　C．而　　　　D．就
3．A．乐观　　　B．悲伤　　　C．激动　　　D．愤怒
4．A．由　　　　B．受　　　　C．被　　　　D．把
5．A．年龄　　　B．国家　　　C．时间　　　D．人
6．A．拒绝　　　B．及时　　　C．决定　　　D．同意
7．A．决定　　　B．要求　　　C．同意　　　D．获得
8．A．考试　　　B．应聘　　　C．告状　　　D．工作
9．A．则　　　　B．可　　　　C．也　　　　D．而

九、语段填空：

（在意　招聘　挫折　应聘　千方百计　名列前茅
初试　考验　复试　颤抖　落选　不出所料）

我在报纸上看到一家公司　1　职员的广告，就去报名　2　。报名的人很多，接下来是严格的考试。先是　3　，后是　4　，我都考得不错，成绩　5　。可是到了最后的面试，我因为紧张，声音都有些　6　，问题回答得不好。我想这次可能会　7　，最后果然　8　，名单上没有我。这次应聘，对我是一次　9　，对这次失败，我不是很　10　，人的一生哪能没有一点　11　？我会继续努力，　12　地提高心理素质，我相信我一定会成功。

十、谈谈如果这件事发生在你的国家，会有什么样的结果？

十一、根据下面的问题写一份简历，找工作用。

1．姓名、性别、年龄、民族；
2．学历、专业、特长、外语水平；
3．工作经历、专业水平、工作能力。

一次特别的招聘测试

去年，我到现在这家公司应聘，公司里没有一个熟悉的人，应聘的人很多，我心里非常紧张。

电梯里只有我和另外一个女孩子，她的手上抱着两包文件。她正在试着把两包东西转移到一只手上，我微笑着问她是否需要帮忙，她点了点头，一个劲盯着19的按钮看，这是一个不需要语言的交流，我为她按亮了19层的按钮。

这中间大概只有几十秒钟的时间，我们彼此微笑着点头告别。

我参加了公司的面试和笔试，虽然尽了全力，但考得并不是很理想。没想到两个星期后，我意外地收到了录用通知书，成为几次测试后惟一被录用的人。

在新公司工作了几周后，我才知道改变我命运的竟是那次在电梯里遇到的那位小姐。那位小姐是公司的一名职员，那几天嗓子发炎，医生让她不要说话，于是公司巧妙地把她安排成了对新员工测试的一部分。

因为公司要招聘的是"网上代言人"，要代表公司回答所有网上客户的问题。这是一个要在网上传播微笑的工作，它不但需要相应的网络知识，需要对公司业务的了解，还需要与人融洽交流的能力，而那个站在电梯里的小姐，就是测试交际能力的考题。

我一直觉得自己在这次应聘中是幸运的。但当我把这件事讲给朋友们听时，他们却不以为然，他们说这件事对别人来说也许是幸运，是偶然，但对我来说却是必然的，是应当得到的，因为在平时的生活中我就是一个永远快乐、热心帮助别人的"快乐天使"。

一个能帮助别人的人，一个能使别人快乐的人，自己也会得到快乐和帮助。

（摘自《女性月报》）

练习：

为什么说这是一次特别的招聘测试？

第八课

春天的感觉

提示：

中国土地广阔，气候复杂，各地的春天景色不同，带给人的感觉也不同。这里描写了北京、南京和广州三地的春天：春天的景色，春天的感觉。

生 词

1. 起初　qǐchū　（名）开始、最初的时候　at first
2. 景象　jǐngxiàng　（名）现象、情景　scene, sight
3. 依然　yīrán　（副）还是原来的样子，没有改变　still
　　≈仍然
4. 光秃秃　guāngtūtū　（形）人没有头发、树木没有枝或叶　bare
5. 冰冷　bīnglěng　（形）像冰一样冷
　　≈火热
6. 尘土　chéntǔ　（名）飘在空中的灰土　dust
7. 大地　dàdì　（名）广大的地面、土地　the earth
8. 寂静　jìjìng　（形）没有声音，很静　quiet ,still
9. 期待　qīdài　（动、名）充满希望地等待　to expect, to await
10. 忍不住　rěnbúzhù　不能忍，控制不了　unable to bear
11. 呼唤　hūhuàn　（动、名）大声叫喊　to call, to shout to
　　≈呼喊
12. 不由得　bùyóude　忍不住、控制不住
13. 明净　míngjìng　（形）明亮而干净。如：明净的天空、湖水　to right and clean
14. 桃花　táohuā　（名）peach blossom
　　桃－挑
15. 碧绿　bìlǜ　（形）非常绿；像玉一样的青绿色　green
16. 柳树　liǔshù　（名）willow
17. 灿烂　cànlàn　（形）光线、颜色明亮鲜艳　magnificent, splendid
18. 田野　tiányě　（名）田地　field
19. 绿油油　lǜyóuyóu　（形）形容植物的颜色非常绿
20. 麦苗　màimiáo　（名）麦子的幼苗　wheat seedling

21. 地毯　dìtǎn　（名）铺在地上的毯子　carpet, rug
22. 蓬勃　péngbó　（形）事业、精神、景象等兴旺　vigorous, flourishing
23. 生机　shēngjī　（名）蓬勃的生命力　vitality
24. 喜悦　xǐyuè　（名）高兴、愉快　happiness, joy
25. 盼　pàn　（动）热烈地希望并等待着　to hope for
　　　≈盼望
26. 秀气　xiùqi　（形）清秀美丽　delicate, fine
27. 令　lìng　（动）让、使、叫
　　　令－今
28. 畔　pàn　（名）江、湖、路旁　side; bank
29. 株　zhū　（量）棵，花草树的量词。如：一株桃树、一株玫瑰
30. 品　pǐn　（动）区别事物的好坏。如：品茶、品酒　to taste, evaluate
31. 欣赏　xīnshǎng　（动）享受美好的事物，体会其中的趣味　to appreciate
32. 留恋　liúliàn　（动）不想离去或丢掉　be reluctant to leave a place
33. 迷人　mírén　（形）吸引人，使人喜欢　fascinating
34. 梅花　méihuā　（名）plum blossom
35. 温暖　wēnnuǎn　（形）暖和　warm
36. 明亮　míngliàng　（形）光线充足。如：明亮的教室、灯光　light
37. 不曾　bùcéng　（副）没有
38. 模糊　móhū　（形）不清楚　dim
　　　模－摸
39. 罢了　bàle　（助）用在陈述句末，表示程度轻、范围小、时间短
40. 风和日丽　fēnghérìlì　形容天气晴朗
41. 谢　xiè　（动）花或叶子脱落、干枯　tp wither
42. 平淡　píngdàn　（形）事物平常、没有变化　flat, insipid
　　　淡－谈
43. 惊喜　jīngxǐ　（动）又是惊奇又是高兴　pleasantly surprised
44. 宁静　níngjìng　（形）心情或环境安静　peaceful
　　　≈寂静　安静　平静
45. 长久　chángjiǔ　（形）时间很长　for a long time

课 文

只见过一个北京的春天。

起初，只是从日历上知道春天该来了，于是出了门就睁圆了眼睛四处瞧，寻找春天的景象。

可是，天上的太阳依然是淡白色的，路旁的树木依然是光秃秃的，湖里的水依然是冰冷的，风依然是冷冷的，有时还夹着些尘土，大地依然是一片寂静，没有生命的绿色，到处都看不到春天的影子。

于是，有几分失望，有几分烦恼，可更多的是对春天的期待，常常忍不住在心里一次次地呼唤：春天，你在哪里？你怎么迟迟不来呀？

突然有一天，走出门一看，不由得吃了一惊：明净的天空，金色的太阳，浅红的杏花（apricot blossom）、深红的桃花、碧绿的柳树、清亮的湖水，一片灿烂的春光！田野里，绿油油的麦苗好像给大地铺上了绿色的地毯。山坡上，小路旁，小草不知何时悄悄地从土里冒出了脑袋，到处都充满了蓬勃的生机。

从此知道：北京的春天里有大烦恼大喜悦。

见过两个南京的春天。

好像还没怎么盼呢，一低头一抬眼，南京的春天已经秀秀气气地站在那儿露出了笑容。空气中有种甜甜的神秘的清香，令人心醉。

喜欢在雨雾中沿着玄武湖畔走，一步一株红桃，一步一棵绿柳。喜欢坐在秦淮河（Qínhuáihé）的小船中，听春雨的声音，品清香的新茶，静静地听，静静地看，静静地欣赏江南的春光春色。

南京的春天真美，美得让人心里充满了留恋。想留住梅花山上那迷人的梅花，想留住小路两旁那鲜艳的樱花，想留住栖霞山（Qīxiáshān）上那温暖明亮的春阳，想永远留住春天的脚步，不让她离去。

在广州住了几年，不曾特别留意广州的春天。只觉得，那些树冬季是这么绿，春季也是这么绿。那些花春季是这么红，夏季也是这么红。说不清哪些日子是春天。模模糊糊觉得：春天，长着呢！

即使遇上什么"倒春寒"或者什么"冷空气南下"，心里也不着急，不过短短数日罢了，很快又会风和日丽。屋里屋外，依然日日有鲜花相伴。桃花谢了，玫瑰又开；菊花（júhuā）谢了，还有康乃馨（kāngnǎixīn Carnation）、郁金香（yùjīnxiāng Tulip）。

很宁静，很舒适，很平淡。

于是，少了一分对春天的期待，少了一分对春天的留恋。

不同的地方有不同的春色，不同的春色带给人不同的感觉。北京的春天令人期待令人惊喜，南京的春天令人心醉令人留恋，而广州的春天，有一种平淡而长久的宁静，有一种自然而舒适的愉快。

（据李兰妮《春天的感觉》改写）

一 **起初** 名词，做状语。指事情开始的时候。可用在主语前，也可在主语后。

1. 起初，只是从日历上知道春天来了。
2. 起初，他不愿说，我们追问了半天，他才吞吞吐吐地说了出来。
3. 他起初想不开，后来大家都劝他，他才慢慢想开了。
4. 来广州后，我起初听不懂广州话，几个月后就能听懂了。

二 **景象** 名词，意思是现象、情景。多用于指好的方面。

1. 于是出了门就睁圆了眼睛四处瞧，寻找春天的景象。
2. 这里到处是和平的景象，人们愉快地生活着。
3. 国庆节就要到了，到处是鲜花，到处都挂起了国旗，一片节日的景象。
4. 我要用照相机把这丰收的景象拍下来。

三 **寂静 宁静 静静** 都是形容词，可以做定语、谓语。表示没有声音、安静。但有区别："寂静"多形容夜晚、环境；"宁静"除了形容夜晚环境外，还可形容人的心情；"静静"是"静"的重叠式，除了形容夜晚环境外，还可形容人的状态。另外，"静静"可做状语，"寂静、宁静"不可。

1. 大地依然是一片寂静。
2. 静静地听，静静地看，静静地欣赏江南的春光春色。
3. 广州的春天有一种平淡而长久的宁静。
4. 寂静的大森林，令人觉得神秘。
5. 夜晚，这里寂静得可怕。
6. 教室里静静的，没有一个人说话。
7. 小丽静静地坐在后边，什么也不说。
8. 虽然外面的世界很热闹，但我的心是宁静的。

四 **忍不住** 习语。意思是不能忍，控制不住。带宾语时一般带动词性宾语，不能带名词性宾语。

1. 常常忍不住在心里一遍遍地呼唤。
2. 我实在忍不住了，严肃地批评了他。
3. 知道自己落选的消息，她忍不住哭了起来。
4. 听她一说，我忍不住笑了。

五 灿烂 形容词，做定语、谓语。形容阳光、笑容明亮、充足或前途光明。

1. 一片灿烂的春光！
2. 今天天气很好，阳光灿烂，万里无云。
3. 她已经成为当代一颗灿烂的电影明星。
4. 我喜欢她那灿烂的笑容。
5. 祝愿你万事如意，前途灿烂！

六 蓬勃 形容词，做定语、谓语、状语。形容事业、精神等兴旺，有生机。可以重叠为"蓬蓬勃勃"。

1. 到处都充满了蓬勃的生机。
2. 这些年轻人朝气蓬勃，真让人羡慕。
3. 我国的教育事业正在蓬蓬勃勃地向前发展。
4. 我省旅游业出现一片蓬蓬勃勃的景象。

七 喜悦 形容词，多做定语、谓语，多用于书面。意思是愉快高兴。

1. 从此知道：北京的春天里有大烦恼大喜悦。
2. 我们怀着喜悦的心情，迎接21世纪的到来。
3. 灿烂的春光令人民心中充满了喜悦。
4. 全家团圆了，妈妈心中十分喜悦。

106

八 盼 动词。意思是热烈地希望并等待着。

1. 好像还没怎么盼呢，一低头一抬眼，春天已经秀秀气气地站在那儿了。
2. 作父母的，谁不盼孩子能有个好前途呢？
3. 我们盼着有一天能登上月球。

"盼望"与"盼"意思相同，常可互换。但"盼望"之后不能有趋向补语"来"，不能进入"V来V去"的格式。

4. 他们天天盼，终于盼来了春天。
5. 盼来盼去，春天终于来了。
6. 我们盼望有一天中国能统一。
7. 我们盼望和平，盼望自由。

九 欣赏 动词。意思是享受美好的事物，体会其中的趣味。

1. 静静地欣赏江南的春光春色。
2. 我们一边喝茶，一边欣赏音乐。
3. 秋天去北京，一定要去欣赏香山红叶。

"欣赏"还表示喜爱、认为很好。

4. 老板很欣赏他的交际能力。
5. 他对生活这种洒脱的态度，我很欣赏。

十　**迷　人**　形容词，做谓语、定语。意思是吸引人。

1. 想留住梅花山上那迷人的梅花。
2. 她是个可爱的姑娘，她的笑容很迷人。
3. 这首音乐非常迷人，令人心醉。
4. 我永远忘不了桂林那迷人的山水。

十一　**模　糊**　形容词，做谓语、定语、状语。指事物的外形或人的感觉、记忆、认识等不清楚、不明确。可重叠为"模模糊糊"。

1. 模模糊糊觉得：春天，长着呢！
2. 我模模糊糊地看到一个人影。
3. 这件事我只有一点模糊的印象。
4. 这个录音带的声音有点模糊。
5. 天越来越黑，眼前的一切都变得模糊起来。

语法注释

一、天上的太阳依然是淡白色的。

"**依然**"，副词，做状语，意思是还是原来的样子。多用于书面：

1. 以前他就是这么虚荣，现在依然如此。
2. 多年没见了，她依然是那么漂亮。
3. 这一次，他依然落选了。

二、走出门一看，不由得吃了一惊。

"**不由得**"，副词，修饰动词，做状语。意思是忍不住、控制不住。"忍不住"与"不由得"意思相近，在做状语时常可互换，但有区别："忍不住"还可做谓语，"不由得"不可；"忍不住"多修饰"哭、笑、说"等具体行为，而"不由得"可以修饰具体行为，还可以修饰"想、着急"等心理活动：

1. 说着说着，小王不由得流下了眼泪。
2. 听到熟悉的音乐，我不由得想起了往事。
3. 这么晚他还没回来，妈妈不由得着急起来。
4. 我实在忍不住了，才说了他两句。
5. 这孩子又哭又闹，我忍不住打了他一下，他闹得更厉害了。

三、碧绿的柳树，清凉的湖水。 / 绿油油的麦苗好像给大地铺上了绿色的地毯。

"**碧绿**"，形容词，形容草、叶、水等事物是像玉一样的青绿色。可做谓语、定语，不可受程度副词的修饰。汉语中这类表示颜色的形容词还有：金黄、雪白、血红、橘红、银灰、漆黑、银白、海蓝等等。

"**绿油油**"，形容词，形容植物的颜色非常绿，绿得可爱。可做谓语、定语，不受程度副词的修饰。这类形容词还有"红通通、黑乎乎、金灿灿、白茫茫"等：

1. 碧绿的湖水中鱼儿游来游去。
2. 小草碧绿，湖水清清。
3. 秋天来了。田野里玉米金黄，棉花雪白，一片丰收的景象。
4. 你看这白菜绿油油的，多新鲜。
5. 小鸟长着一身绿油油的羽毛，真可爱。

四、空气中有种甜甜的神秘的清香，令人心醉。

"**令**"，动词，相当于"让、叫、使"。常合用为"令人"，后面带动词或心理活动的动词：令人烦恼、苦恼、高兴、快乐、吃惊、可笑、喜悦、惊喜、不满、不安、难过、着急、尊敬、羡慕、嫉妒、伤心、悲伤、乐观、悲观等：

1. 北京的春天令人期待令人惊喜，南京的春天令人心醉令人留恋。
2. 他说话吞吞吐吐，令人着急。
3. 眼前的情景，令人不由得大吃一惊。
4. 这次挫折令他感到十分悲观。

五、**不曾**特别留意广州的春天。

"**不曾**"，副词，做状语。多与"过"配合，表示从来没有发生过，与"曾经"相对。多用于书面：

1. 这家公司去年不曾招收过职员。
2. 我从来不曾去过上海。
3. 好久不曾去拜访王老师了，也不知道她现在身体怎么样。

"**不曾**"还可表示还没有发生，与"已经"相对。

4. 优胜者的名单还不曾公布。
5. 天气冷，杏花、桃花还不曾开。
6. 我还不曾问你姓什么呢！

六、春天，**长着呢**。

"**形容词＋着呢**"，强调程度高，多用于口语，一般做谓语。形容词前面不可有程度副词：

1. 别小看小王，她能干着呢！
2. 时间还早着呢，别着急。
3. 别打扰我，我忙着呢！
4. 钱多着呢，够花好几个月的。

七、**不过**短短数日**罢了**，很快又会风和日丽。

"**不过**"，副词，限定范围，相当于"只、仅仅"；**罢了**，助词，用在陈述句末尾，表示"不过如此"的语气。两者合成"不过……罢了"的格式，强调范围小、程度轻或时间短。还可说成"只不过……罢了"：

1. 他不过一时想不开罢了，现在已经没事了。
2. 他不过有点感冒罢了，没什么大病。
3. 我只不过替他感到惋惜罢了，没别的意思。
4. 我只不过是说实话罢了，并没有骗你。

八、广州的春天有一种平淡而长久的宁静，有一种自然**而**舒适的愉快。

"**而**"，连词。连接并列的两个形容词，表示两种状态同时存在：

1. 她是个聪明而漂亮的姑娘，她的眼睛大而圆，她的头发长而黑。
2. 春天的太阳温暖而明亮。

"**而**"还可以连接两个句子，表示不同事物或现象的对比：

3. 北京的春天令人期待令人惊喜，南京的春天令人心醉令人留恋，而广州的春天，有一种平淡而长久的宁静。
4. 我们太多地考虑别人对我们的付出，而没有想到别人需要我们什么样的付出。
5. 为什么我们总是为自己着想，而不会替别人着想呢？

九、排比句

排比句是汉语中常用的一种句式。所谓排比句，是把三个或三个以上结构相同或相似、语气一致、意思有关系的词组或句子排列成一个整体。排比句句式整齐，节奏感强，可以加强语气、强化感情。常用于散文、诗歌中，表达强烈的感情：

1. 明净的天空，金色的太阳，浅红的杏花、深红的桃花、碧绿的柳树、清亮的湖水，一片灿烂的春光。

2. 可是，天上的太阳依然是淡白色的，路旁的树木依然是光秃秃的，湖里的水依然是冰冷的，风依然是冷冷的，有时还夹着些尘土，大地依然是一片寂静，没有生命的绿色，到处都看不到春天的影子。

3. 想留住梅花山上那迷人的梅花，想留住小路两旁那鲜艳的樱花，想留住栖霞山上那温暖明亮的春阳，想永远留住春天的脚步，不让她离去。

一、给下列形似字注音并组词：

历	模	圆	桃	淮	淡
厉	摸	园	挑	准	谈

二、量词填空：

一____力量　　一____玫瑰　　一____桃树　　一____期待　　一____热爱

一____寂静　　一____公司　　一____挫折　　一____礼物　　一____香味

一____考验　　一____律师　　一____眼泪　　一____星星　　一____选择

一____说法　　一____成功　　一____努力　　一____玩笑　　一____孔雀

一____路　　　一____书　　　一____水　　　一____酒　　　一____应聘者

三、选词填空：

（谢　畔　尘土　盼　品　令　长久）

1．几天没打扫房间了，桌子上满是_____。

2．他家住在江_____，夏天经常在江里游泳。

3．他的话_____大家都很激动。

4．希望这种和平幸福的生活能够_____。

5．我们一边_____茶，一边聊天，坐了一下午。

6．我们大家都_____着你早点回来。

7．这种花开的时间很短，大约几个小时就_____了。

（期待　呼唤　田野　冰冷　灿烂　秀气）

8．这个小姑娘长得挺_____，我很喜欢她。

9．秋天，_____里玉米金黄，棉花雪白，收获的季节到了。

10．我们_____着这座大桥早日建成。

11．林健跳进_____的河水，把落水的孩子救了上来。

12．中国古代劳动人民创造了_____的古代文明。

13．在那个黑暗的时代，人们_____着自由、民主和幸福。

四、用括号里的词回答问题：

1．如果你在路上突然碰到了香港歌星刘德华，你有什么感觉？（惊喜）

2．如果你学习结束离开广州，你会有什么感觉？（留恋）

3．你去过杭州吗？那儿的风景怎么样？（迷人）

4．昨天下午，你干什么去了？（欣赏）

5．你是什么时候开始学汉语的？你觉得汉语容易学吗？（起初）

6．你觉得我们的教室怎么样？（明亮）

7．最近的生活怎么样？有没有什么特别有意思的事？（平淡）

8．站在这里，看得见白云山吗？（模糊）

9．你见过麦克的女朋友吗？长得怎么样？（秀气）

10．今天天气怎么样？（灿烂）

五、成语填空：

(勇往直前　聚精会神　无可奈何　一路顺风
天长地久　天涯海角　轰轰烈烈　无所作为)

1．玛利亚，你明天就要回国了吗？我明天有事，不能送你，祝你＿＿＿＿＿＿＿。

2．愿你们的爱情＿＿＿＿＿＿＿，永远不变。

3．你就是跑到＿＿＿＿＿＿＿，警察也会把你抓回来的。

4．他一生虽然没有做什么＿＿＿＿＿＿＿的大事业，但他却得到了人们的尊敬。

5．人应当有一种＿＿＿＿＿＿＿的精神，不怕困难，不怕挫折，才能取得成功。

6．大家正在＿＿＿＿＿＿＿地看录像，突然停电了。

7．他从来不肯承认错误，也不肯接受别人的意见，大家都对他＿＿＿＿＿＿＿。

8．如果不努力，即使有很好的机会，也同样会＿＿＿＿＿＿＿。

六、给括号里的词选择合适的位置：

1．他 A 从来 B 这么苦恼过，C 肯定是 D 遇到大麻烦了。（不曾）

2．这只 A 不过是婚姻失败 B，并不能 C 说明你的一切都失败 D 了。（罢了）

3．A 家乡的变化 B 太大了，实在 C 人感到 D 惊喜。（令）

4．A 听着听着 B，C 他 D 睡着了。（不由得）

5．她 A 年轻时 B 很漂亮，现在虽然 C 六十多岁了，但 D 那么漂亮。（依然）

6．A 看着 B 看着，C 他 D 笑了。（忍不住）

7．A 这 B 是 C 一件小事罢了，D 用不着这么着急。（不过）

8．A 我们公司需要的 B 是认真 C 严格的 D 会计师。（而）

9．事情还多 A 呢，我一个人做 B 不完，你来 C 帮帮 D 我吧！（着）

10．A 他喜欢热闹，B 喜欢和朋友一起玩，C 我喜欢安静，D 喜欢一个人看书听音乐。（而）

七、同义词填空：

(景象　现象)

1．春天风和日丽，冬天冰天雪地，不同的季节有不同的＿＿＿＿＿＿。

2．开学以来，上课迟到的＿＿＿＿＿＿比较严重，有的人甚至迟到半个小时，

3．交通拥挤的＿＿＿＿＿＿已经引起了市政府的重视。

4．商场里一片繁忙的＿＿＿＿＿＿。

(忍不住　不由得)

5．他气得＿＿＿＿＿＿大吼一声。

6．他们一个劲儿吵，我实在＿＿＿＿＿＿了，才说了他们几句。

7．看到这些照片，我＿＿＿＿＿＿想起了往事。

8．在一起时间长了，他＿＿＿＿＿＿爱上了这个能干的姑娘。

9．听到这熟悉的音乐，他＿＿＿＿＿＿跳起了自己民族的舞蹈。

（宁静　寂静　安静　平静　静静）

10．过了好久，他那激动的心情才逐渐_____下来。

11．病人需要_____，请不要大声说话！

12．在_____的大森林里，住着许多动物。

13．教室里_____的，一点声音也没有。

14．他们生活在山区，生活虽然不富裕，但却_____而快乐。

15．在_____的夜晚，我想念着远方的亲人。

八、用括号里的词语改写句子：

1．这座山上以前什么也没有，现在种满了各种各样的树木。（光秃秃）

2．春天来了，阳光温暖，风轻轻地吹，是旅游的好时候。（风和日丽）

3．我以前没有见过小李的弟弟。（不曾）

4．中国足球队参加世界杯比赛，全国人民都对他们充满希望，等待着他们能获得好成绩。
（期待）

5．刚下过雨，树上的叶子特别绿，绿得可爱。（绿油油）

6．看着又干净又明亮的湖水，他的心慢慢平静下来了。（明净）

7．我只说了他一句，他就大吵大闹，太不像话了。（不过……罢了）

8．在广州生活了几年，现在要走了，真有些舍不得离开这座城市。（留恋）

9．西湖的风景真美，实在让人舍不得离开。（令……留恋）

10．树林里非常静，一点声音也没有，好像这里没有任何生命。（寂静）

113

九、完成句子：

1．_____，他忍不住多喝了几杯。

2．早晨，温暖的阳光照进房间，_____。

3．明净的湖水，_____。

4．小姑娘长着一双明亮的大眼睛，_____。

5．_____，日子过得很平淡。

6．_____，你就会有灿烂的前途。

7．_____，他心里充满了胜利的喜悦。

8．坐在火车上，一路上看到田野里_____。

9．_____正在蓬勃发展。

10．_____，他还不曾去过颐和园。

11．_____，我们期待着这个问题早日得到解决。

12．你的声音有些模糊，_____。

十、语段填空：

（鲜艳　光秃秃　平淡　春暖花开　蓬勃　期待和惊喜　不同　阳光灿烂）

　　北方的春天和广州的春天　1　。在北方，冬天到处都是　2　的，很少看到绿色。可一到春天，　3　，大地穿上了绿色的新衣，一片　4　的生机。而广州气候暖和，冬天依然　5　，草木依然那么绿，花儿依然那么　6　，和春天没有很大的不同。所以，北京人对春天充满了　7　，而广州人对春天则比较　8　。

（明净　赞美　绿油油　温暖　碧绿　风和日丽　鲜艳　蓬勃　迷人　景象）

　　春天　9　，是万物生长的季节。　10　的春风吹来一场场春雨，山坡上，桃花杏花开得那么　11　；小河旁，柳树长出了　12　的枝条，长长的，软软的，一直伸到　13　的河水中；田野里，麦苗　14　的，大地一片春天的　15　。

　　春天是一年中最重要的季节，春天是　16　的，春天充满了　17　的生命力，它带给人们希望。从古到今，人们热爱春天，　18　春天。

十一、说说你家乡的春天或夏天、秋天、冬天。

十二、写一段描写春天的文章，最好用上一两个排比句（200～300字）：

　　　　（气候、节日、习俗、植物）

西部的果园

在敦煌（Dūnhuáng）停留时，有人提出去南湖乡看果园，于是，我们坐车出发了。

出了敦煌城，往西南走，越走越荒凉。往四周看，没有人，没有树，没有房屋，火热的阳光下，到处是暗红色的砂石，远处好像有火焰在流动……。我心里暗暗想，如果是一个人，开车走在这样的路上，面对窗外无尽的戈壁滩，一定会害怕，以为是误入了另外一个星球。

5　　车开了很久，我慢慢睡着了。忽然，有人惊叫："快看啊！有树有草了！"我没睁眼睛。又过了一会儿，空气中似乎有股甜甜的果香，我睁眼看窗外，呀！小果园一个挨一个。林荫道旁，流水潺潺（chánchán），水清得可以看到底，这里每户人家都有自己的果园。有人正在打鲜枣。那枣树不高，也不粗，可枣子结得真多呀。紫红的，浅绿的，半红半绿的，颜色非

10　常鲜艳。枣树有刺，难摘，只能用竹杆打。一个个大枣急落在草地上，就像天上降玛瑙（mǎnǎo agate）一样奇妙。

我拾起一枚大枣，一枚就有一磅重，枣皮深红，枣肉白绿，味道十分甜美。《中国枣树志》里，称这种鸣山大枣为"枣中之王"，它的含糖量达60%以上，维生素C的含量比苹果高80倍。

15　　再往前走，发现有家果园的篱笆门没关，进出自由。这是一个已收完了果子的果园，但就像收割完的麦田可以拾麦穗一样，这里面可以拾果子。树上还遗留着一些果子：那枣子已经熟得透透的，一碰就落；那苹果又大又圆，红得可爱；还有那大青梨，一个就有八九两；园里还有小西瓜，只有拳头那么大，据说叫"籽瓜"，见它实在太可爱，我舍不得摘下来。

以前在深圳，听兰州人说敦煌瓜果如何好时，总是不以为然，心想：岭南瓜果那么多，敦

20　煌能有什么好瓜果？可现在来到这里一看，我不得不从心里赞叹：敦煌的瓜果真好！

（据李兰妮《阳关的埙声》改写）

115

练习：

你去过敦煌吗？说说敦煌的瓜果是怎么样的？

第九课

考 试

提示：

　　从来都是老师考学生，有谁会想到，学生也会考老师？让我们来看一看，学生是怎么考考老师的，为什么要考老师？

生 词

1. 退休　tuìxiū　（动）年老离开工作岗位　to retire
2. 整整　zhěngzhěng　（形）强调达到一个整数。如：整整一个月　whole, full
3. 充实　chōngshí　（动、形）充足、丰富　rich, substantial
4. 重点　zhòngdiǎn　（名）同类事物中比较重要的。如：重点大学　key point
5. 功课　gōngkè　（名）学生按规定要学习的知识、技能　schoolwork
6. 得心应手　déxīnyìngshǒu　心里怎么想，手里就能怎么做，形容运用得很熟练
7. 发呆　fādāi　因心里有事而对周围的事物完全不注意　stare blankly
　　＞发愁　发昏　发抖　发疯　发慌
8. 心事　xīnshì　（名）心里始终在考虑的难办的事　a load on one's mind
9. 居然　jūrán　（副）事情的结果与想像的不一样　to one's surprise
　　≈竟然　竟
10. 分数　fēnshù　（名）学习成绩或比赛结果　mark, grade
11. 放学　fàngxué　学生上完课离校　after school
　　←→上学
12. 退步　tuìbù　（动）向后退、落后　to lag behind, to retrogress
　　←→进步
13. 一再　yízài　（副）一次又一次　time and again
14. 家长　jiāzhǎng　（名）父母或家里年纪大的人　the parents or guardian of a child
15. 去世　qùshì　（动）成年人死去　to pass away, to die
　　≈逝世
16. 祖母　zǔmǔ　（名）爸爸的母亲　grandmother
　　≈奶奶
17. 用心　yòngxīn　（形）把注意力集中在某个方面　diligently
18. 听讲　tīngjiǎng　（动）听老师讲课　to listen to a talk

19. 胡思乱想　húsīluànxiǎng　　没根据地乱想

20. 当天　dàngtiān　（名）事情发生的那天　the same day

21. 义务　yìwù　（名）公民在法律上应尽的某些责任　duty, obligation

22. 家教　jiājiào　（名）家庭教师

23. 只得　zhǐdé　（副）没有别的选择　be oblieged to, have to
　　　≈不得不

24. 乖　guāi　（形）听话、不闹。如：很乖、乖孩子　wellbehaved

25. 监督　jiāndū　（动）检查指导，使其更好更快地行动　to supervise, to control
　　　≈监视

26. 之下　zhīxià　（名）在……下，表示条件　below, under
　　　←→之上

27. 习题　xítí　（名）练习题　exercises

28. 稍　shāo　（副）表示程度很轻　slightly, a little
　　　≈稍微

29. 赶上　gǎnshàng　（动）追到　to catch up with

30. 亲密　qīnmì　（形）关系好，交往多　close, intimate

31. 参谋　cānmóu　（名、动）帮人出主意或帮人出主意的人。如：当参谋、参谋一下　to give advise

32. 当年　dàngnián　（名）指过去某一时间　in those years
　　　＞当天　当时　当地

117

33. 请教　qǐngjiào　（动）请求别人指导教育　to ask for advise

34. 表情　biǎoqíng　（名）表现在脸上的思想感情　expression
　　　≈神情

35. 严厉　yánlì　（形）态度表情严肃而厉害　stern, severe
　　　厉－历

36. 罚　fá　（动）处分犯错误的人　to punish

37. 再三　zàisān　（副）多次地、反复地
　　　≈一再

38. 询问　xúnwèn　（动）了解情况，请别人提意见　to ask about, to inquire
　　　≈问

39. 稍微　shāowēi　（副）表示数量不多或程度不深　a little; a bit

40. 免费　miǎnfèi　（动）不收钱。如：免费午餐　free of charge
　　　免－兔

41. 假装　jiǎzhuāng　（动）故意用假的言行使真实的情况不被发现　to pretend, to play at

42. 暗暗　àn'àn　（副）不让人知道　secretly, inwardly
　　　≈悄悄　偷偷

43. 为人处世　wéirénchǔshì　　指在社会上做人、与人交往相处的态度和方式

44. 茶话会　cháhuàhuì　（名）备有茶水和点心，大家在一起谈话的会议　tea party

45. 密切　mìqiè　（形）亲密、关系好　close, intimate

46. 看望　kànwàng　（动）到亲戚朋友处拜访问候　call on
　　　≈拜访

课 文

　　明天，我就要退休了。

　　做了整整35年的中学老师，我可以说自己这一辈子过得非常充实，非常有意义。

　　我到现在还记得我开始做中学老师的那一年。我一毕业，就进入了一所重点中学去教数学，学生全是经过严格挑选的，很少有功课不好的，我教起来当然得心应手，非常轻松。

5　　可是，我忽然注意到班上有一位同学上课老是发呆，好像有什么心事。期中考试，他的数学居然只得了15分。太奇怪了，全班就只有他不及格，而且分数如此之差。

　　有一天放学以后，我找他谈话，这小子一问三不知，对自己的成绩忽然退步这么多，他讲不出任何理由。他一再说他上课听不懂我讲什么，我却觉得他一定有其他什么原因，说要找他的家长谈谈。这位学生一听，立刻紧张了起来，请求我不要去他家。他说他的父亲早去

10世了，母亲又结婚离开了他，他一个人和祖母一起住。祖母年纪大了，如果知道他功课不好，一定会非常伤心的。

　　于是，我答应不去找他的家长，要求他上课用心听讲，不要胡思乱想，并提出帮他补习数学，而且当天晚上就开始。

　　这位同学一开始还不愿意接受我做他的义务家教，可是由于我的坚持，他只得晚上乖

15乖地在我的监督之下做习题。我发现他其实不笨，只是对数学反应稍慢了一点。由于我每周抽空帮他补习两次，他终于赶上了其他同学，成绩越来越好。两个月以后，我就不管他了。

　　从此，这位学生就和我关系很亲密了。当时我们夫妻没有孩子，我太太知道这孩子没有父母以后，就经常请他来吃饭。他有什么事情，一定会来找我商量，请我当参谋。

20　　他考大学也挺顺利，走前还来向我告辞。可是第三天，我收到了一封他的信，信的内容令我大吃一惊：

　　老师：

　　　　请原谅我骗了你一次。当年我功课忽然退步，是我故意的。我一直没有爸爸，

25想有个爸爸，这样，如果有什么问题，我好向他请教。我发现我的英文老师、语文老师和数学老师都是男老师，我决定假装功课不好，看看他们有什么反应。

　　　　我的英文老师对我的成绩完全不关心，他将试卷给我的时候，一点表情也没有。我的语文老师严厉地批评了我一顿，他说他最恨不用功的学生。他罚我站了一个小时，下课的时候，他向全班宣布，他已经放弃我了。

30　　　　惟一关心我的就是你，你不但再三关心地询问我成绩下降的原因，还帮我补习。其实你只要稍微关心我一些就够了。我完全没有想到你会免费当我的家教，我必须假装不懂，整整装了两个月。

　　　　最使我感动的人，其实是师母，她对我的关心，我永远也忘不了。师母第一次请我去吃晚饭，正好天气寒冷，我故意没有穿厚衣服。师母一看到我衣服

35薄，就立刻带着我去附近的商店，替我选了一件厚大衣。你们老师收入不高，还对我这么好，我知道我找到爸爸妈妈了。

　　　　从此以后我将你当作我的爸爸，有什么事，我都会问你，你也都会帮我参

谋，给我提建议。我也暗暗地学你的为人处世，你对人诚恳，我也尽量对人诚恳。这些都是你不知道的事。

我要在这里请你原谅我，我当年骗你，实在是因为我的确需要一个好爸爸，也幸亏你对我关心，使我从此有事都可以找你商量。由于你在我功课不好的时候没有放弃我，你是我一生中对我影响最大的人。

敬祝

教安！

你的学生张××

这封信让我出了一身冷汗。我们做老师的一天到晚考学生，很少想到学生也在考我们。我的这位学生给几位老师出了一道考题，显然只有我通过了这场考试。

从此，我特别注意学习比较差的学生，无论他们成绩如何，我都不会轻易放弃，都会尽量帮助他们。

明天，有很多我过去教过的学生来参加我的退休茶话会，那位骗我的学生一定会来。他的事业很成功，一直和我保持着密切的联系，经常来看望我。明天，我要告诉他，我才应该谢谢他，他改变了我的一生，他是我一生中对我影响最大的人。

（据《海外文摘》李家同的同名文章改写）

119

重点词语学习

一）**充实** 形容词，做定语、谓语。意思是充足、丰富。

1. 我可以说自己这一辈子过得非常充实，非常有意义。
2. 这篇文章内容充实，语言生动，很吸引人。

"充实"还有动词的用法。

3. 我们公司打算公开招聘人才，来充实我们的力量。
4. 你这篇文章的内容还需要充实。

二）**胡思乱想** 成语，做谓语。意思是没有根据、不合实际地乱想。

1. 我要求他上课用心听讲，不要胡思乱想。
2. 你这样胡思乱想会影响学习的。
3. 昨天晚上我怎么也睡不着，一直胡思乱想。

三）**乖** 形容词。意思是很听话。做谓语、定语、状语，多用来形容小孩或年轻人。但做状语时可以用于年纪大的人，此时须重叠。

1. 他只得晚上乖乖地在我的监督下做习题。
2. 这个孩子白天很乖，晚上总是哭，应该找医生看一看。
3. 听了医生的话，老张乖乖地把药喝了。

四）**之下** 习语，一般与"在"组成"在……之下"的格式，在课文中表示"依靠（受）某人的……"。

1. 在医生的细心照顾下，他逐渐恢复了健康。
2. 在大家的帮助下，他终于不再悲观了。
3. 在同学们的一再要求下，老师给我们讲了这个故事。

"在……之下"还表示在某个物体下面，或表示技术、水平不如别人。

4. 他躺在大树之下睡着了。
5. 他的阅读能力在我之上，而口语能力却在我之下。

五）**亲密—密切** 都是形容词，意思是关系好、来往多，有时可以互换。但有区别："亲密"多用于人，主要指人与人之间关系好；"密切"还可用于单位、国家，主要指人、单位、国家之间来往多；另外，"密切"还有动词的用法。

1. 从此，这位学生就和我关系很亲密了。
2. 他的事业很成功，一直和我保持着密切的联系。
3. 吴英是我的亲密朋友，我们关系特别好。

4. 警察经过调查，认为这件事和你有密切的关系。
5. 德国和法国一直关系密切。
6. 这次会议密切了两国之间的关系。

六 **请教** 动词。意思是请求别人指导教育。

1. 这样，如果有什么问题，我好向他请教。
2. 明天我要去拜访刘老师，有不少问题要请教他。
3. 请教你一下，这个字怎么读？

七 **严厉** 形容词，做谓语、定语、状语。指态度、表情严肃、厉害。

1. 我的语文老师严厉地批评了我一顿。
2. 金明的父亲看起来很严厉，脸上从来没有笑容。
3. 小辉受到了校长严厉的批评。

"严格"与"严厉"意思相近，但有区别："严格"指做事十分认真，不马虎、不放松。可用于人，也可用于纪律、考试、要求等，而"严厉"主要指态度严肃，只用于人。

4. 这次招聘，条件很严格。
5. 要通过严格的体检和考试，才能成为一名军人。

121

八 **罚** 动词。意思是处分犯错误的人。

1. 语文老师罚我站了一个小时。
2. 老陈昨天开车违反了交通规则，被警察罚了200元。
3. 他如果考试不及格，妈妈就要罚他。

九 **询问** 动词。意思是了解情况、请别人提意见。与"问"意思、用法相近，有时可互换。但"问"可以说成"问问、问一问、问一下"，"询问"不可；"询问"多用于书面、用于正式场合。

1. 你不但再三关心地询问我成绩下降的原因，还帮我补习。
2. 医生耐心地询问病人的情况。
3. 经过多次询问，警察弄清了情况。
4. 我问你，你为什么骗我？
5. 问来问去，也没问出什么结果。

十 **为人处世** 习语。"为人"指做人的态度，"处世"指在社会上活动、跟人相处、来往，合起来指做人、和人交往相处的态度和方式。

1. 我也暗暗地学你的为人处世。
2. 他为人处世有自己的原则。
3. 小李虽然水平高，能力强，但处世不行，缺少经验。
4. 我跟他交往不多，不太了解他的为人。
5. 他为人不好，没有人愿意跟他交往。

十一 **看望** 动词。指拜访问候亲友、老师或年纪大的人。

1. 他一直和我保持着密切的联系，经常来看望我。
2. 今天他要陪同父母去看望一个亲戚。
3. 每年春节我都要回家看望父母。

"拜访"与"看望"意思相近，有时可互换。但"看望"的可以是亲人、病人，也可以是老师、朋友或者不太熟悉的人，而"拜访"的不能是亲人和病人。

一、 期中考试他的数学居然得了15分。

"**居然**"，副词。表示没想到事实与所想的相反，相当于"竟然"：

1. 只不过受到一点挫折，没想到他居然要自杀。
2. 他平时学习不怎么样，这次考试居然名列前茅，真令人吃惊！
3. 这么冷的天，他居然只穿了一件衬衣！
4. 这么重要的事，你居然忘了，让我说你什么好呢！

二、 全班就只有他不及格，而且分数如此之差。

"**如此之差**"，就是"如此差、这么差"。"如此＋之＋形容词"的格式用来强调事情的程度高，多用于书面。其中的形容词多为单音节形容词：好、差、美、高、低、大、小、长、短、快、慢、多、少等：

1. 汤姆的汉语水平如此之高，大家都很惊奇。
2. 西湖如此之美，实在令人留恋。
3. 来参观的人如此之多，是我们没想到的。
4. 这种小花的生命力如此之顽强，给我们留下了深刻的印象。

123

三、 他一再说他上课听不懂我讲什么。／ 你不但再三询问我成绩下降的原因……

"**一再**""**再三**"都是副词，表示动作行为多次反复，常可互换。但"一再"多用于不好、不如意的事，如：一再失败、一再失误、一再犯错误、一再被人看不起、一再挨打、一再挨骂等等，其中的"一再"都不可换为"再三"。另外，"再三"可以用在"考虑"后面（考虑再三），"一再"不可以：

1. 他们一再要求老板按时支付工资。
2. 他一再向我道歉，请求我原谅。
3. 你为什么不能吸取教训？为什么一再犯同样的错误？
4. 我一再强调要尽量减少失误，为什么还是出现失误呢？
5. 我们再三安慰他，他的情绪才稍微好一些。
6. 他再三向职员们解释，大家才不再闹了。
7. 我考虑再三，还是决定暂时不去了。

四、 他只得晚上乖乖地在我的监督下做习题。

"**只得**"，副词，修饰动词性词组。意思是没有别的选择：

1. 这件事我实在无能为力，只得请他去找别人帮忙。
2. 因为没有车了，我们只得步行回家。
3. 大家选他当班长，他一再推辞，我们只得另选别人。

"**只能**"与"**只得**"相近，有时可以互换。但"只能"主要表示主观上只有这点能力，相当于"只能够、只可以"；而"只得"主要表示客观上没有别的选择，相当于"只好、不得不"。

4. 卡玛拉失去了学习语言的最好时机，所以9年也只能学会6句话。

5. 这个词只能做状语, 不能作谓语。

6. 我只能听懂前面几句, 后面的都听不懂了。

五、他只是对数学的反应稍慢了一点。 / 其实你只要稍微关心我一些就够了。

"**稍、稍微**", 是一组近义副词, 可修饰动词、形容词, 表示程度不高、时间短或数量不多。区别是: "稍"书面色彩强, 多用于书面, 主要修饰单音节动词、形容词; 而"稍微"书面、口语都用, 单、双音节词都可修饰。另外, "稍微"修饰的谓语或者是动词重叠形式, 或者其中有"一些、一点、有些、有点、一下、一会"等, 而"稍"可以不与这些词语配合:

1. 只要你稍微用心一点, 你的学习就能赶上来。

2. 你稍微留意一下, 就会发现问题。

3. 请你把桌子稍微往前挪一挪。

4. 请稍等, 他马上就来。

5. 小王的听力比小李稍差。

6. 他稍一犹豫, 就错过了进攻 (attack) 的最好时机。

7. 这里很滑, 稍不小心就会摔跤。

六、**由于**我每周帮他补习两次, 他终于赶上了其他同学。

"**由于**", 连词, 表示原因。与"因为"意思相同。但用法有不同: "因为"引导的分句可以放在后边, "由于"引导的分句只能放在前边; "因为"一般和"所以"配合, "由于"一般和"因此"配合:

1. 因为小马表现得很突出, 所以给我留下了深刻的印象。

2. 北方人学习普通话比较容易, 因为北方话和普通话的差别不大。

3. 由于放松了学习, 因此最近他的成绩下降了很多。

4. 由于这个原因, 邓晓燕没能通过面试。

七、如果有什么问题, 我**好**向他请教。

"**好**", 连词, 连接两个句子, 表示目的关系。相当于"来、可以、为的是"。用于后一分句的句首, 如有主语, 位于主语之后:

1. 我要弄清情况, 好早做准备。

2. 我请了几天假, 好回去和父母团圆。

3. 你何时结婚, 早点告诉我, 我好给你准备一份礼物。

4. 你留下电话号码, 我好跟你联系。

八、我也**暗暗**地学你的为人处世。

"**暗暗**", 副词, 修饰动词。意思是使行为或感情不表现出来, 不让人发现:

1. 听了他的话, 我心里暗暗好笑。

2. 落选后, 他心里暗暗悲伤。

3. 知道了这个消息, 他们早就暗暗做准备了。

4. 我暗暗对自己说: "一定要坚持到底!"

"悄悄、偷偷"与"暗暗"意思相近, 有时可以互换。但"悄悄"重在没有声音或声音很轻, "偷偷"重在不让人发现, "暗暗"重在不表现出来。另外, "暗暗"可以修饰行为动词, 也可以修饰心理动词，"悄悄、偷偷"一般只修饰行为动词：

5．江小龙迟到了，他悄悄走进教室，悄悄坐在最后一排。

6．我的同屋正在睡觉，我悄悄地进去，拿了一本书，又悄悄地出来。

7．我偷偷看了他一眼，他的表情很激动。

8．你怎么一个人偷偷去玩，也不叫我一声？

九、你对人诚恳，我也尽量对人诚恳。

"**尽量**"，副词，修饰动词或动词性词组。表示尽最大努力、尽最大可能：

1．别着急，我们大家会尽量帮你的。

2．明天你尽量早点来，好做充分准备。

3．酒多着呢，你们尽量喝。

4．大家有什么意见尽量提。

练习

一、给下列形似字注音并组词：

| 体 | 充 | 免 | 密 | 骗 | 诚 |
| 休 | 允 | 兔 | 蜜 | 偏 | 城 |

| 惟 | 堆 | 故 | 乖 | 祖 | 租 |
| 推 | 唯 | 敌 | 乘 | 组 | 阻 |

二、给下列词语中加色字注音：

好处_____ 　处世_____ 　到处_____ 　处理_____ 　处分_____ 　外事处_____

教师_____ 　教学_____ 　教室_____ 　教堂_____ 　教小学_____ 　你教我_____

假装_____ 　放假_____ 　假牙_____ 　请假_____ 　病假_____ 　事假_____

当年_____ 　当天_____ 　当晚_____ 　当成_____ 　妥当_____ 　适当_____

三、选词填空：

（罚　用心　假装　重点　之下　监督　退步　参谋　功课　为人处世 ）

1. 第三段是这篇文章的_____。

2. 今天小李迟到了，要_____酒三杯。

3. 老虎要把猫弄死，却又_____很伤心。

4. 杰克的学习一直很好，可最近突然_____了。

5. 你只要_____想一想，就知道答案了。

6. 请大家互相_____，不要把果皮随便扔在地上。

7. 金秀玉是个好学生，各门_____在班里都名列前茅。

8. 你刚毕业，要好好向大家学习_____的经验。

9. 在大家的帮助_____，他的学习很快就赶上来了。

10. 这事该怎么办，你帮我_____一下吧。

四、给括号里的词语找合适的位置：

1. 村田下定决心，一定要通过 HSK 八级。（暗暗）

2. 起初老师不同意，我们说明理由，最后他才同意了。（再三）

3. 同学们在老师指导，一遍遍地练习发音。（之下）

4. 在律师的帮助，他终于拿到了自己应该得到的那份财产。（之下）

5. 医生们忙着救治病人，已经一天一夜没休息了。（整整）

6. 老师强调要学好汉语拼音。（一再）

7. 只要注意一下，这样的失误就不会发生。（稍微）

8. 和小王相比，小张的听力差一些。（稍）

9. 没想到广州队打败了解放军队，真令人吃惊！（居然）

10. 由于队长在比赛中受伤，上海队把他换下来。（只得）

11．这几个词语是要掌握的，大家一定要多练习。（重点）

12．警察做了个手势（gesture），司机马上停住了车。（乖乖地）

五、同义词填空：

（严厉　严格）

1．爸爸的语气很＿＿＿＿＿＿，我心里不由得紧张起来了。

2．他＿＿＿＿＿＿地说："习题一定要按时完成。"

3．＿＿＿＿＿＿地说，这个地方用词不当。

4．中国的学校有＿＿＿＿＿＿的纪律，学生都必须遵守。

（询问　问）

5．老师用＿＿＿＿＿＿的眼光看着大家，大家都不说话。

6．我想＿＿＿＿＿＿一下，到中山大学坐几路车？

7．校长向他详细＿＿＿＿＿＿了研究生的培养情况。

8．你别＿＿＿＿＿＿我，这事我可不知道。

（看望　拜访）

9．每年中秋节我都要回去＿＿＿＿＿＿父母。

10．回到家乡的当天，我就去＿＿＿＿＿＿了几位老朋友。

11．在日本访问时，我们专门＿＿＿＿＿＿了日本著名作家池田大作先生。

12．王老师住院了，今天上午，我们几个去医院＿＿＿＿＿＿了他。

（亲密　密切）

13．李强和张明的关系一直很＿＿＿＿＿＿。

14．近几年，中国和韩国的来往很＿＿＿＿＿＿。

15．他们俩很＿＿＿＿＿＿地在一起谈话。

16．这次活动＿＿＿＿＿＿了师生之间的关系。

（稍微　稍）

17．你能不能＿＿＿＿＿＿安静点？我正在做作业呢。

18．请你明天＿＿＿＿＿＿早点来，帮我张罗张罗饭菜。

19．这个菜要＿＿＿＿＿＿放一点醋才好吃。

20．一会有客人来，你＿＿＿＿＿＿把房间收拾收拾。

（一再　再三）

21．大家＿＿＿＿＿＿追问，他才说出了自己的心事。

22．我考虑＿＿＿＿＿＿，还是觉得这种说法不妥当。

23．你＿＿＿＿＿＿违反交通规则，当然要罚你了。

24．我们的实验＿＿＿＿＿＿失败，到底是什么原因呢？

（暗暗　悄悄　偷偷）

25．听了他的话，我不由得＿＿＿＿＿＿吃惊："他怎么知道这个秘密的？"

26．已经上课了，你_____地进去，不要影响大家。

27．试卷发下来，我一看，差不多都是刚复习过的，心中_____高兴。

28．小玲_____地拿了妈妈的钱去买巧克力。

29．这件事是小王_____告诉我的。

30．他昨晚_____地从李先生家的窗子爬进去，偷走了几千元，

六、用括号里的词语回答问题：

1．你爸爸现在还在工作吗？（退休　整整）

2．你们国家的中学每天上几个小时课？（上课　放学）

3．最近你的学习怎么样？（进步　退步）

4．飞机上吃饭喝咖啡要交多少钱？（免费）

5．在中国的留学生活，你觉得怎么样？（丰富　充实）

6．这次期中考试，你考得好不好？（分数　赶上）

7．初次见面，你觉得张老师怎么样？（表情　严厉）

8．明天你准备去干什么？（看望　师母）

9．如果学习上有不明白的问题，你怎么办？（请教）

10．玛利亚这几天怎么了？（发呆　心事）

七、用括号里的词语完成句子：

1．李军刚进公司时，工作有些吃力，经过一年的学习和锻炼，_____。
（得心应手）

2．小静这几天经常看着窗外发呆，_____。（心事）

3．_____，他一定很苦恼。（表情）

4．在_____，他的身体一天天好起来了。（之下）

5．上海队比南京队的技术好，但_____。（居然）

6．这个学期，课很多，还有许多活动，虽然忙，但_____。（充实）

7．公司里_____，我一般都在公司吃午餐。（免费）

8．虽然他很舍不得这个新足球，但听了妈妈的话，_____。（乖乖地）

9．你什么时候回国，一定要告诉我，_____。（好）

八、用下列词语改写句子：

1．爸爸对我说了好几次，不要去那家公司工作。（再三）

2．杨华干这个工作已经几年，积累了不少经验，现在他干得很顺利，很轻松自由。（得心应手）

3．他虽然心里有点不愿意，但还是按照法院的决定，支付了一大笔赔偿费。（乖乖地）

4．抚养孩子长大，照顾和教育孩子，是法律规定父母应当做的事。（义务）

5．他们俩总在一起，感情很好，关系很近。（亲密）

6．最近，小志的学习成绩不断下降，这样下去怎么行呢？（一再）

7．一有心事我就睡不着觉，想想这，想想那，一个劲儿乱想。（胡思乱想）

8．靠着同学们的共同努力，我们班在篮球比赛中得了第一。（在……之下）

9．校长关心地向学生们了解他们的学习和生活情况。（询问）

10．杰克的汉语水平很高，你有什么不懂的问题可以去问他。（请教）

11．感冒越来越严重，他不得不去医院看病。（只得）

12．最近一段时间，我们两个学校有很多很好的合作。（密切）

九、改正下列句子中的错误：

1．你买个手机吧，好大家和你联系。

2．时间晚着呢，我们快走吧！

3．三天的时间短着呢，我们必须抓紧时间。

4．刚下过雨，树叶非常碧绿。

5．这次应聘他落选了，由于面试时太紧张。

6．大家配合得非常好，导致我们班比赛得了第一名。

7．我们终于盼望来了圣诞节。

8．我的钱也不多了，只得给你100元。

9．李先生病了，我们准备去拜访他。

10．他是我的密切朋友，他的话我怎么能不信呢？

11．老师再三批评你，你怎么就是不听呢？

12．他什么都好，可是脾气有点急。

十、综合填空：

每个学生都有不同的 1 ，只要你仔细 2 。你会发现， 3 差的学生也有优秀的一面。把那优秀的一面找 4 ，夸奖他，鼓励他，他刚开始时可能 5 惊讶， 6 自己有这样的才能。经过你的 7 ，他开始接受，并开始发挥自己的 8 ，于是有了更大的 9 。一个好的老师，可以 10 一个学生的一生。

1．A.性格   B.水平   C.习惯   D.特点

2．A.观看   B.观察   C.检查   D.看

3．A.如果   B.虽然   C.即使   D.既然

4．A.出去   B.出来   C.来   D.去

5．A.感觉   B.感到   C.感想   D.感受

6．A.相信   B.信心   C.不信任   D.不相信

7．A.分析   B.夸奖   C.批评   D.说法

8．A.优秀   B.想法   C.能力   D.信心

9．A.相信   B.信任   C.信心   D.特点

10．A.变化   B.进步   C.发挥   D.改变

十一、语段填空：

（放弃　长久　减少　尤其是　但是　完　往往　其实　坚持　而不是）

很多人做事情时 1 是开始非常热情，非常努力， 2 ，这种热情和努力却不会 3 ，慢慢地，热情就会 4 ， 5 碰到一点挫折后，就逐渐 6 了。 7 学习一门技术、一门专业，不需要太努力，只要能长期 8 下去，就能成功。这就像一个人跑马拉松（Marathon）一样，最重要的是跑 9 ， 10 开始跑得有多快。

十二、谈一谈：

1．你们国家的师生关系是怎样的？你喜欢什么样的老师？

2．说说你读书时一件有趣的事或难忘的事。

十三、写一写：

1．作为学生，你最想对老师们说什么？

2．写一篇小文章《我的老师》。

(老师的样子、情况、学生对他的看法)

我的老师

又到了秋天。总是在秋天特别想念老师，因为老师，我才有了今天的成就。

一直到小学四年级，我的成绩都是最后一二名，所以也一直是父母的苦恼，学校老师的麻烦。

四年级时，换了一位新的班主任老师。在他还没走进我们的教室时，大家就已经知道他一年以后要调走。但这对我来说并不重要，对我来说，下课、放学才是重要的。

在第一次考试后，老师找我谈话：

"听说你在班上一直是最后一名，你想过为什么会这样吗？"

"……我不知道，老师，能不能不要打屁股、打手心呀？"

"什么？我从来不打学生的。你想想为什么一直考不好？"

"为什么一直考不好？我没想过……"

"我认为你一直考不好，就是因为你根本就不在意。"

"那考好了又怎么样？"

"你有没有考过第一？你连前三十名都没考过，怎么能知道考好的感觉呢？这样吧，下次你一定要考到三十名，我请你喝一杯咖啡奶茶，怎么样？不要认输啊！"

也不知为什么，也许是老师的教育方法跟以前不同吧，从那天起我就非常努力地读书，不跟别人出去玩。

"哇！你考到二十八名哪，怎么那么厉害？爸爸妈妈怎么说？"

"我爸看到成绩单一直夸我，而且还跟别人说我进步快。我妈好高兴，还做了我最爱吃的菜给我，太棒了！"

"那你这次考试学到了什么？"

"老师，我本来数学不好，现在我都会了，还有，语文我也会了，我还……"

那一天，说了很多话，喝了两杯咖啡奶茶。

秋天，老师调走了，走之前，他送给我一瓶咖啡奶茶，当时我一直哭，一直哭……

以后，每到秋天，我总会自己一个人静静地呆在书房，喝着咖啡奶茶，回忆这段往事。

不知从什么时候起，"不要认输"成为我做事的态度，也是我的人生态度。我想，老师当年不是要我努力争取名次，老师要给我的是一个人生的态度。

二十多年来，我一直想念着老师，心里充满了深深的感激。

（据《青年文摘》2003 年 1 月许胜乔《爱的调味乳》改写）

练习：

用自己的话复述这个故事。

第十课

汉民族的红色文化

生 词

1. 喜爱　xǐ'ài　（动）喜欢　to like, to love
　　≈喜欢

2. 种类　zhǒnglèi　（名）根据事物的特点分成的不同的类　kind

3. 包含　bāohán　（动）包括含有　to contain, to embody
　　≈包括

4. 深厚　shēnhòu　（形）感情很深　deep, profound
　　≈深刻

5. 色彩　sècǎi　（名）颜色、比喻事物、思想、感情的特点、风格　colour, flavour
　　≈颜色

6. 象征　xiàngzhēng　（动）用具体的事物表示某种意义　to symbolize

7. 光明　guāngmíng　（形）明亮　light

8. 喜庆　xǐqìng　（名）值得喜欢和庆祝　joyous, jubilant

9. 吉祥　jíxiáng　（形）幸运而平安　lucky

10. 欢乐　huānlè　（形）快乐、高兴　happy, joyous

11. 运气　yùnqi　（名）命运，指人的生死、贫富等不同的经历　luck, fate

12. 元宵节　Yuánxiāojié　（名）农历正月十五，是中国的传统节日
　　　　＞春节　清明节　端午节　中秋节　重阳节

13. 鞭炮　biānpào　（名）firecrackers

14. 对联　duìlián　（名）写在纸上的有一定要求的、成对的语句　antithetical couplet

15. 灯笼　dēnglóng　（名）lantern

16. 人物　rénwù　（名）有代表性或突出特点的人　figure
　　　　＞事物　动物　景物

17. 简直　jiǎnzhí　（副）表示差不多完全如此　at all, simply

18. 笼罩　lǒngzhào　（动）大片的光、气、雾、雨、云像笼子一样盖住或罩住　to cover

19. 喜事　xǐshì　（名）值得祝贺的使人高兴的事　happy event
20. 婚礼　hūnlǐ　（名）结婚时举行的仪式　wedding
21. 讲究　jiǎngjiu　（动）特别注意和重视　to pay attention
22. 新娘　xīnniáng　（名）bride
23. 新郎　xīnláng　（名）bridegroom
24. 绸带　chóudài　（名）用绸子做成的带子　silk fabric
25. 蜡烛　làzhú　（名）candle
26. 请柬　qǐngjiǎn　（名）正式邀请客人的通知　invitation card
　　　　　≈请帖
27. 总之　zǒngzhī　（连）概括起来说　in a word, in brief
　　　　　≈总而言之
28. 处处　chùchù　（副）每个地方、每个方面　everywhere, in all respects
　　　　　≈到处
29. 民间　mínjiān　（名）普通老百姓中间　folk, popular
30. 革命　gémìng　（名、动）彻底改革　to make a revolution
31. 斗争　dòuzhēng　（名、动）双方有矛盾冲突　struggle
32. 近代　jìndài　（名）距离现代较近的时代　modern times
33. 兴旺　xīngwàng　（形）发展很快，很有前途　prosperous
34. 圆满　yuánmǎn　（形）很满意、没有不满意的地方　satisfactory
35. 企业　qǐyè　（名）从事经济活动的单位　enterprise
36. 开张　kāizhāng　（动）商店开始营业　to open a business
　　　　　≈开业
37. 开幕　kāimù　（动）大型会议、活动等开始　the opening (of an activity)
　　　　　←→闭幕
38. 工程　gōngchéng　（名）生产、建设、制造部门较大且较复杂的工作　engineering
39. 典礼　diǎnlǐ　（名）举行的仪式　ceremony
40. 仪式　yíshì　（名）举行重大活动或会议时的形式　ceremony
41. 分配　fēnpèi　（动）按照一定的标准来分东西　to distribute
42. 利润　lìrùn　（名）商品生产或买卖东西所获得的钱　profit
43. 当代　dāngdài　（名）目前所在的时代　the present age
44. 好评　hǎopíng　（名）好的评价　favorable comment
　　　　　＞书评　影评　短评　剧评　史评
45. 嫉妒　jídù　（动）因别人比自己好而恨别人　to envy, to be jealous of
46. 眼红　yǎnhóng　（动）嫉妒　to be jealous of

课 文

　　红色是汉民族最喜爱也最常用的颜色之一。红色的种类很多，比如红中带紫的紫红，颜色较浅的粉红，颜色很浓的大红，像火一样的火红，像血那样的血红，还有跟红橘子皮一样颜色的橘红，等等，真是数也数不清。与汉语中的多数颜色词一样，红色包含着深厚的汉民族的文化心理和感情色彩，具有丰富的文化象征意义。

5　　红色是太阳和火的颜色。由于太阳和火给人们带来光明和温暖及幸福，因此从古到今人们喜欢用红色来象征幸福、喜庆、吉祥、欢乐、热烈等意义，由此红色还产生出发达、顺利、成功、运气、成就等象征意义。

　　汉民族在庆祝传统的重大节日时，像春节、元宵节等，人们除了放红鞭炮表示热闹喜庆外，还喜欢在大门两旁贴上红对联儿，在大门上贴个大大的红"福"字，门口挂两个红灯笼，
10　有的还用红纸剪出各种各样的人物、花草、动物等贴在窗户上。整个节日简直被红色所笼罩。

　　人们把结婚称作红喜事，传统的汉族婚礼讲究的就是一个"红"字，新娘要穿红衣红裙，头上要盖红绸子，新郎要披红绸带，胸前要戴朵大红花，大门上要贴红对联，屋内要贴红喜字，晚上要点红蜡烛，送钱或结婚礼物要用红纸或红布包好，婚前的请柬也是用红纸写的。总之，结婚时处处离不开红色，在人们心中，没有红色，又怎么算得上喜庆、吉祥、幸福和欢
15　乐呢？

　　民间把生孩子也当作是件大喜事，谁家生了孩子，都要请人吃红鸡蛋，以表示孩子将来会有好运气。

　　从红色我们还可以想到鲜血的颜色，而革命斗争往往是流血斗争，所以近代人们常用红色来象征革命。

20　　由于红色可象征事业的兴旺、发达、顺利、成功、圆满等，所以现代在祝贺企业成立或商店开张、展览会开幕或工程的典礼时，往往要举行剪红绸的仪式，以表示祝贺成功、顺利、圆满等意义。在这方面常用的词语，很多都有红字，如：红运表示的是好运气，企业分配利润叫分红，一项工作刚开始就取得突出成绩是开门红。

　　当代，红色由顺利、成功等象征义又产生出受社会好评、受群众欢迎，受上级领导的重
25　视等意义。如：很红、大红人、唱红了、演红、红遍全国、走红等。当然，如果一个人太红，就会让很多人羡慕，甚至还会引起某些人嫉妒，由此红色还产生出羡慕、嫉妒之义，如：眼红、红眼病等。

　　总之，红色在汉民族的社会文化生活中有着重要的地位，不同的时代，红色的象征意义也有所变化。

30　　　　　　　　　　　　　　　（据常敬宇《汉语词汇与文化》中有关内容改写）

重点词语学习

一 **喜爱** 动词。意思是对人或事物有兴趣，喜欢，跟"讨厌"相对。

1. 红色是汉民族最喜爱最常用的颜色之一。
2. 我很喜爱广东音乐，尤其是那首著名的《步步高》。
3. 台湾歌手张惠妹得到了大陆歌迷的喜爱。

"喜欢"和"喜爱"意思相近，有时可互换。但"喜欢"可修饰动词、动词性词组或形容词，而"喜爱"一般不可以。

4. 人们喜欢在大门两旁贴上红对联儿。
5. 人们喜欢用红色来象征幸福、喜庆、吉祥、欢乐、热烈等意义。
6. 他喜欢热闹，我喜欢安静。

二 **包含** 动词。和"包括"意思相近。但"包含"多用于抽象的东西，而"包括"多用于具体的东西。

1. 红色包含着深厚的汉民族的文化心理和感情色彩。
2. 妈妈的话里包含着希望和期待。
3. 课文的第一段包括四个句子。
4. 包括我在内，全班共有24个学生。

三 **深厚** 形容词。形容感情、友谊很深。与"深刻"有相近的地方，都表示深，但"深刻"用于形容人的看法、思想、体会、印象等。

1. 红色包含着深厚的汉民族的文化心理和感情色彩。
2. 我们两国人民之间深厚的友谊是最宝贵的。
3. 他和父亲的感情最深厚。
4. 村田先生给我们留下了深刻的印象。
5. 这次参观学习的体会很深刻。

四 **色彩** 名词。与"颜色"有相同之处，但"色彩"还可比喻事物、思想、感情的特点、风格，而"颜色"不可以；"颜色"可以受颜色词的修饰，"色彩"不可以。

1. 红色包含着深厚的汉民族的文化心理和感情色彩。
2. 玫瑰花的色彩很鲜艳。
3. 这篇小说具有明显的地方色彩。
4. 这首诗的感情色彩很强烈。
5. 丽莎穿了件红颜色的上衣，很漂亮。
6. 我喜欢绿颜色，他喜欢蓝颜色。

135

五 **象 征** 动词、名词，指用具体的事物代表抽象的意义。

1. 人们喜欢用红色来象征幸福、喜庆、吉祥、欢乐、热烈等意义。
2. 近代人们常用红色来象征革命。
3. 红色可象征事业的兴旺、发达、顺利、成功、圆满等。
4. 不同的时代，红色的象征意义也有所变化。
5. 国旗是一个国家的象征。
6. 在中国文化中，牡丹花是幸福、吉祥的象征。

六 **讲 究** 动词，意思是特别注意和重视；又是形容词，意思是质量、技术等达到很高水平。

1. 传统的汉族婚礼讲究的就是一个"红"字。
2. 莉莉穿衣服特别讲究色彩的搭配。
3. 我们每一个人都要讲究文明，讲究礼貌。
4. 房间里布置得非常讲究。

"重视"与"讲究"有相近之处，但"讲究"的宾语不能是人，只能是行为，而且是自己的行为，不能是别人的行为；而"重视"的宾语可以是人，也可以是行为，自己的行为或别人的行为。

5. 老师很重视玛丽，让她当班长。
6. 妈妈很重视培养孩子的独立生活能力。

七 **兴 旺** 形容词。形容事情发展很快，很有前途，常形容事业或人口。

1. 红色可象征事业的兴旺、发达、顺利、成功、圆满等。
2. 我们祝你事业兴旺，家庭幸福。
3. 这个企业前几年不行，这两年一下子兴旺起来了。
4. 这个地区经济发达，人口兴旺。

八 **圆 满** 形容词。形容事情的结果没有不满意的地方。

1. 红色可象征事业的兴旺、发达、顺利、成功、圆满等。
2. 这次世界杯足球赛圆满地结束了。
3. 在这里，我代表全体同学，祝大会圆满成功！
4. 经过大家的努力，事情的结果非常圆满。

九 **好 评** 名词。意思是"好的评价"。

1. 红色由顺利、成功等象征义又产生出受社会好评等意义。
2. 四班的表演得到大家的好评。
3. 这部电视剧得到了观众的好评。

"评"还是动词，意思是根据各方面条件分出好坏或等级。

4. 每个班评出 5 名优秀学生。
5. 小马今年被评为优秀毕业生。

十　**嫉妒**　动词。意思是因为别人比自己好而恨别人。"嫉妒"与"眼红"义同，但"眼红"一般用于口语，"嫉妒"一般用于书面；另外，"嫉妒"可以做定语（嫉妒心、嫉妒的心理），"眼红"不可以。

1. 一个人太红就会让很多人羡慕，甚至还会引起某些人嫉妒。
2. 嫉妒别人只能说明你自己的能力差。
3. 他的嫉妒心简直太强了，看到别人比自己好就千方百计打击别人。

要注意："嫉妒""忌妒""妒忌"同义。但没有"妒嫉"的写法。

语法注释

一、 真是数也数不清。

"**数也数不清**"，紧缩复句，意思是"不管（无论）怎么数，都数不清楚"。这个"V 也 V 不 A"格式，在汉语中常用，表示不管怎么做，都达不到 A 这种状态或程度。能进入这个格式的动词有"数、说、听、看、写、吃、喝、打、改"等动作动词，能进入此格式的形容词很少，主要有"清楚、明白、清、完、够、好、懂"等：

1. 这里面的故事真是说也说不完呀！
2. 青岛的风景太美了，让人看也看不够。
3. 刚来广州时，广州话我是听也听不懂，学也学不会。

二、 人们除了放红鞭炮表示热闹喜庆外。

"**除了……外**"，固定结构，还可作"除（了）……之外（以外）"。有两种用法：

1. 表示所说的不包括在说明的范围内：
   (1) 除了林达以外，我们都去过杭州。
   (2) 他除了牛肉之外，别的肉都不吃。
2. 表示所说的包括在说明的范围内：
   (3) 除了林达外，杰克也去过杭州。
   (4) 小杰除了会拉小提琴外，还会拉几下二胡。

三、 整个节日简直被红色所笼罩。

"**简直**"，副词。强调程度高，有夸张的语气，有"差不多"或"完全、实在"的意思：

1. 大伟激动得简直不知道说什么好。
2. 我非常伤心，简直想大哭一场。
3. 南京的春天这么美，简直太迷人了！
4. 他是那么单纯，简直像个小孩。
5. 玛利亚说汉语说得简直跟中国人一样，我真佩服她。

四、 整个节日简直被红色所笼罩。

"**被……所……**"，与"为……所……"相同，表示被动，多用于书面。"被"后是名词、代词，"所"后是动词：

1. 这是一个被观众所熟悉的歌手。
2. 环境污染一直是被大家所关心的重大问题。
3. 几十年来，这首歌一直为大家所喜爱。
4. 爱情是古今中外为人们所极力表现的一个主题(subject)。

五、 总之，结婚时处处离不开红色。

"**处处**"，副词。与"到处"意思相同，常可互换。但"到处"只指具体的每个地方，而"处处"既可指每个具体的地方，还可指事物的各个方面；"处处"一般不直接修饰动作动词，"到处"可以：

1. 人间处处有真情，有温暖。
2. 在广州，处处都能看到紫荆花。
3. 刚搬到新地方，处处感到不方便。
4. 这项工程比较复杂，我们要处处考虑周到。
5. 现代社会，每个城市里到处都能看到高楼大厦。
6. 他住的地方很不好找，我到处打听，才找到他家。
7. 我到处找他，可怎么也找不到他。

六、没有红色，又怎么算得上喜庆、吉祥、幸福和快乐呢。

"算得上"，习语。意思是"可以当作、可以认为、可以看成"，反义是"算不上"：

1. 这里的设备和条件算得上是一流的。
2. 哈里森的发音算得上是全班最好的。
3. 他来广州时已经六岁，算不上是地道的广州人。
4. 罗毅算不上聪明，但很努力，很认真。

七、谁家生了孩子都要请人吃红鸡蛋，以表示孩子将来会有好运气。

"以"，连词，连接两个分句，表示目的的关系，"以"之后一般是动宾词组。前一分句叙述一种情况或现象，后一分句说明这种情况或现象的目的。相当于"来、为的是、以便"：

1. 商店开张时往往要举行剪红绸的仪式，以表示祝贺成功、顺利等意义。
2. 我们要做好充分准备，以迎接2008年奥运会。
3. 他们送给妈妈一束花，以表示节日的祝贺。
4. 春节前，铁路局每天增开了几次火车，以满足旅客的需要。

八、人们把结婚称作红喜事。 / 民间把生孩子也当作是件大事。

这是两个把字句：把A称作（称为／当作／看作／当成／看成）B，意思是A和B是同一性质、同一范围的：

1. 希望大家把企业当作自己的家，爱护它，建设它。
2. 中国人把结婚称为"终身大事"。
3. 同学和老师关心我，帮助我，我把他们看成自己的亲人。

九、红色在汉民族的社会文化生活中有着重要的地位。 / 不同的时代，红色的象征意义也有所变化。

"有着"表示具有、存在着，后面须带抽象意义的名词性短语，不带简单名词：

1. 改革开放对中国的经济发展有着重大的意义。
2. 小金身上有着韩国人的突出特点。
3. 刘力有着一种顽强奋斗、勇往直前的精神，所以，他一定会成功。

"有所"表示有一定程度，后面带双音节动词，这些双音节动词一般有变化义，且都是动、名兼类词。如：有所提高、改进、了解、变化、发明、创造、贡献、表示、区别、上升、下降、进步、退步、发展、重视、付出、放松、收获等等。多用于书面：

4. 一个人在工作和生活中，要有所付出，才能有所收获。
5. 由于他对学习有所放松，因此，成绩下降了很多。
6. 玛丽来中国好几年了，对中国的风俗习惯已经有所了解。

练习

一、给下列形似字注音并组词：

祥	炮	饱	腊	幕	披	究	仪
样	跑	泡	蜡	慕	被	穷	仅

二、给下列加色字注音：

兴旺＿＿＿＿　　高兴＿＿＿＿　　兴奋＿＿＿＿　　笼罩＿＿＿＿　　灯笼＿＿＿＿　　笼子＿＿＿＿

多数＿＿＿＿　　数目＿＿＿＿　　数不清＿＿＿＿　　欢乐＿＿＿＿　　音乐＿＿＿＿　　乐队＿＿＿＿

三、下面是一些与颜色有关的词语，请弄懂它们的意思：

黑话	黑社会	黑心肠	黑白不分	黑着脸	黑云压城	红眼病
青楼	黑脸	绿帽子	绿色食品	灰溜溜	灰色心情	脸红脖子粗
白领	蓝领	唱黑脸	唱白脸	红脸	黄色电影	满面红光

四、同义词填空：

（深厚　深刻）

1. 虽然离开家乡很多年了，但我对家乡的一草一木都有着＿＿＿＿＿＿＿的感情。

2. 红色在汉民族文化中有着＿＿＿＿＿＿＿的意义。

3. 这个故事包含着一个＿＿＿＿＿＿＿的道理，我们从中受到很大的教育。

4. 他们在合作中建立了＿＿＿＿＿＿＿的友谊。

5. 从这件事中，你应当吸取＿＿＿＿＿＿＿的教训。

（包含　包括）

6. 东北地区＿＿＿＿＿＿＿三个省：辽宁省、吉林省、黑龙江省。

7. 这件小小的礼物＿＿＿＿＿＿＿着他对你的一片真情，你一定要收下。

8. 他的眼光里＿＿＿＿＿＿＿着同情和怜惜。

9. ＿＿＿＿＿＿＿选修课在内，这学期我们共有8门课。

（喜爱　喜欢）

10. 中国人结婚时＿＿＿＿＿＿＿穿红色，而西方人结婚时却＿＿＿＿＿＿＿穿白色。

11. 我＿＿＿＿＿＿＿当教师，因为学生的进步和成功给我带来了快乐。

12. 《常回家看看》这首歌唱出了人们对家的真情，因此得到了人们的＿＿＿＿＿＿＿。

13. 我非常＿＿＿＿＿＿＿电视剧中女律师这个人物。

（色彩　颜色）

14. 桃花和杏花的＿＿＿＿＿＿＿稍有不同，桃花是深红色，杏花是浅红色。

15. 红＿＿＿＿＿＿＿的上衣，绿＿＿＿＿＿＿＿的裤子，色彩太鲜艳了！

16. 这首乐曲带有江南民歌的＿＿＿＿＿＿＿。

17. 这种树开的花是什么_____?

18. 这幅画的_____非常鲜明，我很喜欢。

（处处　到处）

19. 中山大学的校园里，_____都是迷人的紫荆花。

20. 李梅喜欢交际，_____都有她的朋友。

21. 小明放学后不知去什么地方玩了，天黑了还没回家。妈妈急得不得了，_____找他。

22. 老张在工作作风、为人处世等各方面_____给我们做出了榜样。

23. 我_____打听，终于找到了他的家。

（开张　开幕　开业）

24. 老王的餐馆今天_____了。

25. 世界杯足球赛的_____式上，韩国演员表演了《阿里郎》。

26. 这个律师事务所准备_____了。

27. 中山大学对面的大型超市百佳明天_____。

五、选词填空：

（请柬　典礼　评　斗争　吉祥　分配　人物　利润　眼红　兴旺）

1. 在黑社会组织中，他可是个重要_____。

2. 做生意不能为了得到_____而不顾国家利益。

3. 在广州地铁开工_____上，市长讲了话。

4. 表演结束后，同学们_____出了最受欢迎的节目。

5. 今年是羊年，我祝大家羊年_____，万事如意。

6. 这是罗景林给我们的_____，邀请我们星期天去参加他的结婚典礼。

7. 对于公司_____给他的任务，他总是认真地完成。

8. 人的一生不可能永远顺利，要和各种各样的困难挫折作_____，才能取得成功。

9. 他运气太好了，生意_____，家庭幸福，所以会有人眼红。

10. 别人有钱，别人成功，你不应当_____。

六、给括号里的词选择合适的位置：

1. 他的发音 A 已经 B 进步，再多 C 练习练习就会 D 更好。（有所）

2. 中国人 A 重男轻女的 B 传统观念现在 C 已 D 改变。（有所）

3. 我们 A 必须做好 B 安全检查，C 防止 D 事故的发生。（以）

4. A 政府正在研究 B 新的政策，C 适应 D 经济发展的需要。（以）

5. A 最后 B 一道题还没做，C 其他的 D 都做完了。（除了）

6. A 早春时，B 梅花之外，C 别的花 D 都还没开。（除了）

7. 中医 A 和西医 B 的结合，对于医学的 C 发展，D 重要的意义。（有着）

8. 我 A 估计这件事 B 多半 C 和杰克 D 密切的关系。（有着）

9. A 李先生 B 在国内 C 是著名 D 作家了。（算得上）

10. 香港 A 和广东 B 把 C 谈恋爱 D "拍拖"。（称作）

11. 这 A 什么 B 重要的事，你 C 不要 D 着急。（算不上）

12. 他 A 把 B 帮助 C 别人 D 一种快乐。（当作）

七、用括号里的词改写句子：

1. 为了表示吉祥喜庆，中国人结婚时一般都穿红色。(以 <连词>)
2. 为了证明自己和这件事无关，他找到了当时在场的人。(以)
3. 市政府正在千方百计采取措施，为的是解决市民的饮水问题。(以)
4. 警察已经掌握了这几个坏人，很快就会抓住他们。(被……所)
5. 我们已经掌握了这些情况。(被……所)
6. 包括小金，我们班有 7 个韩国学生。(除了……外)
7. 我们都去过长城，只有小王没去过。(除了……外)
8. 大家都去参加李小燕的婚礼了，可小刘没时间去。(除了……外)
9. 小李说得差不多像真的一样，我们都相信了。(简直)
10. 田野里长出了绿色的麦苗，看上去非常像绿色的地毯。(简直)
11. 他的运气实在太好了，商店一开张生意就这么兴旺。(简直)
12. 往远处看，山清水秀，花红柳绿，真像一幅图画。(简直)
13. 这件事要想有个大家都满意的结果，就一定要好好商量。(圆满)
14. 这次大会开得很顺利，很成功，大家都很满意。(圆满)
15. 他做的好事太多了，说几天也说不完。(V 也 V 不完)

八、用括号里的词完成句子：

1. 你到底说的是什么意思？我＿＿＿＿＿＿＿＿＿＿＿＿＿＿＿。(简直)
2. 他们俩关系非常亲密，＿＿＿＿＿＿＿＿＿＿＿＿＿＿＿。(简直)
3. 这些假花做得真好，看起来＿＿＿＿＿＿＿＿＿＿＿＿＿。(简直)
4. 在中国，红色＿＿＿＿＿＿＿＿＿＿＿＿＿＿。(象征)
5. 情人节他送给妻子一束红玫瑰，红玫瑰＿＿＿＿＿＿＿＿＿＿。(象征)
6. ＿＿＿＿＿＿＿＿＿＿＿＿＿＿＿，我还去过西藏。(除了)
7. ＿＿＿＿＿＿＿＿＿＿＿＿＿，玛莎还会说西班牙语。(除了)
8. 小金的专业水平比我高，工作能力比我强，又比我会交际，＿＿＿＿＿＿。(总之)
9. 我每天要收拾房间，要洗衣服，还要买菜做饭，＿＿＿＿＿＿＿＿。(总之)
10. 这件衣服太脏了，＿＿＿＿＿＿＿＿＿＿＿＿＿＿。(V 也 V 不)

九、语段填空：

（比如　树木　麦苗　或者　由　而　意义和作用
反应和情感　春天、青春和希望　不成熟、无知）

　　同一种颜色在不同民族中会引起不同的＿1＿，具有不同的＿2＿，这主要是因为不同民族的人＿3＿颜色联想到的事物不同，＿4＿各自的社会背景、历史文化不同。＿5＿绿色，汉民族联想到的是绿色的＿6＿，蓬蓬勃勃的＿7＿，大地披绿的春天，因此绿色在汉民族中象征着＿8＿；＿9＿英语民族由绿色还联想到了未熟的果实，因此，绿色在英语中象征着＿10＿等。

十、综合填空：

　　不同的颜色在＿1＿的民族中也可能引起共鸣，具有相同＿2＿相似的意义和作用，这或者是他们＿3＿颜色联想到的事物相同，或者是民族文化之间的互相＿4＿造成的。如黑色，在汉民族和英语民族＿5＿，＿6＿是不吉祥的。而白色，＿7＿在汉民族象征着不幸与悲哀，在不少国

家也是 __8__ 。__9__ 韩国、日本等亚洲国家的丧服也是白色，__10__ 连英国在中世纪之前丧服也是白色。

1. A.相同　　B.不同　　C.各自　　D.其他
2. A.和　　　B.及　　　C.以及　　D.或
3. A.由　　　B.在　　　C.以　　　D.由于
4. A.联想　　B.影响　　C.交际　　D.来往
5. A.看　　　B.说　　　C.看来　　D.欣赏
6. A.不　　　B.也　　　C.还　　　D.都
7. A.不仅　　B.也许　　C.如果　　D.虽然
8. A.相同　　B.不同　　C.彼此　　D.如此
9. A.比如　　B.尤其　　C.因此　　D.虽然
10. A.还　　　B.就　　　C.都　　　D.而

十一、谈一谈：

1. 你们国家的人最喜欢什么颜色？不喜欢什么颜色？
2. 在你们国家，各种颜色有什么象征意义？

十二、写出你的母语中一些与颜色有关的词语，说明其意义。

颜色的象征意义

汉民族传统把红色当成吉祥喜庆之色，有喜事必用红色。结婚时新娘穿红衣红裤，头上盖红盖头，新房贴红喜字，点红蜡烛；生孩子吃红蛋；过年贴红对联，挂红灯；英雄戴红花，好消息、请柬都须写在红纸上……汉语中，红色具有吉祥、喜庆、热闹、兴旺、光荣、成功等象征意义。汉民族对红色的崇拜，与古代华夏民族对太阳神的崇拜有关，红色是太阳和火
5　的颜色，可以避免灾难，使人吉祥如意。

白色，汉民族传统为丧事之色，象征悲伤和哀悼。家有丧事是一片白色世界，亲人穿白衣白裤白鞋、戴白花，家中挂白色挽帐挽联，所以，丧事又叫"白事"。因为在中国古代的文化中，白属西方，西方之神为战神、杀神，所以，丧事穿白。

与汉民族相反，许多民族却将白色看成吉祥之色。西方一些国家新娘穿白色礼服，象征
10　纯洁幸福；一些重要建筑也是白色，如美国政府的"白宫"，英国政府的"白厅"。英语中含有"白"的词语一般都是褒义。

蒙古族也特别喜爱白色，认为白色象征着纯洁、吉祥、兴旺等，他们把春节称为"白节"，把新年的第一个月称为"白月"，亲人远行时要洒白色的乳汁以祝愿平安，新娘结婚时要用白色的乳汁梳头。藏族也崇尚白色，认为白色是纯洁、吉祥、喜庆、繁荣、善良和正义的象征。
15　藏族人向尊敬的客人献白色的哈达，并以白人、白马、白云、白鹤来代表正义、善良的人物。

黑色是煤、墨或夜的颜色，给人以沉重、压抑、阴暗的感觉。在汉民族看来，象征着不吉利、不光彩、狠毒、恐怖、非法、错误等。一个人倒霉是"走黑运"，干了坏事是给自己和亲人的脸上"抹黑"，心肠狠毒是"黑心肠"，分不清是非善恶是"黑白不分"，危险来临、形势危急是"黑云压城"，非法组织叫"黑社会"，在黑社会中使用的话叫"黑话"。

144

练习：
红色、白色、黑色这三种颜色在汉民族中有什么象征意义？在你们的国家呢？

第十一课

我们的外籍老师

提示：

　　随着中国经济文化的发展，现在，中国有了越来越多的"外籍教师"，这些"外籍教师"有什么特点？他们和中国学生的关系如何？这篇文章给我们介绍了一位在中国高中教英语的外籍女教师。

生　词

1. 外籍　　wàijí　（形）外国　foreign nationality
2. 聘请　　pìnqǐng　（动）正式请人担任某项工作　to engage
3. 幽默　　yōumò　（形）有趣可笑、含义深刻的　humour
4. 胖子　　pàngzi　（名）长得胖的人　fatty
　　　　　　←→瘦子
5. 不当　　búdàng　（形）不合适、不妥当　unsuitable
6. 气氛　　qìfēn　（名）周围环境给人强烈影响的精神表现或景象　atmosphere
7. 活跃　　huóyuè　（形）生动活泼热烈　active, lively
　　　　　　≈活泼
8. 领会　　lǐnghuì　（动）理解其中的含义并有一定的认识　to understand
9. 含糊　　hánhū　（形）不明确、不清楚　vague, unclear
　　　　　　≈模糊　含－合
10. 妙语连珠　miàoyǔliánzhū　　生动有趣的话一句接一句的
11. 难怪　　nánguài　（连）明白了原因，不再觉得奇怪
　　　　　　≈怪不得
12. 地道　　dìdao　（形）准确的、真正的　pure
13. 南腔北调　nánqiāngběidiào　　口音不纯、不标准，有口音
14. 固执　　gùzhí　（形）坚持自己的看法，不肯改变　obstinate
15. 沉思　　chénsī　（动）较长时间地、专心地想，认真地考虑　to think deeply
16. 反问　　fǎnwèn　（动）反过来向提问的人发问　to ask in reply
17. 嫁　　　jià　（动）女子结婚。如：嫁人、嫁出去、嫁给他　to marry
　　　　　　←→娶
18. 流行　　liúxíng　（动、形）普遍地使用或采用　prevalent, fashionable
19. 佩服　　pèifú　（动）承认别人比自己强，尊敬、相信别人　to admire

20．几乎　　jīhū　　（副）差不多、接近于　　nearly, almost

21．拜托　　bàituō　　（动）有礼貌地托人办事

22．鞠躬　　jūgōng　　（动）弯腰敬礼　　to bow

23．观点　　guāndiǎn　　（名）对某一问题的看法或态度　　point of view, viewpoint

24．分歧　　fēnqí　　（名）看法不一致，有区别　　difference, divergence

25．难以　　nányǐ　　（副）不容易、很难　　difficult to

26．常识　　chángshí　　（名）普通的、基本的知识　　general knowledge

27．上帝　　shàngdì　　（名）god

28．可笑　　kěxiào　　（形）使人笑话　　laughable
　　　　≈好笑

29．仍旧　　réngjiù　　（副）仍然　　still
　　　　≈仍然　依然　依旧

30．争论　　zhēnglùn　　（动）各人坚持自己的意见、进行讨论　　to dispute, to argue

31．神　　shén　　（名）传说中具有特殊能力的仙人　　god, deity

32．观念　　guānniàn　　（名）思想、看法　　sense, idea, concept
　　　　≈观点

33．要好　　yàohǎo　　（形）相互之间感情很好　　be close friend

34．连夜　　liányè　　（副）当天晚上就做。如：连夜出发、连夜开会　　the same night

35．束　　shù　　（量）较少的东西捆在一起　　bundle, bunch

36．恋人　　liànrén　　（名）相爱的人。如：他们是恋人

37．回想　　huíxiǎng　　（动）想过去的事　　to think back
　　　　≈回忆

38．幼稚　　yòuzhì　　（形）年纪小、缺少经验　　childish
　　　　←→成熟　老练

39．议论　　yìlùn　　（动）对人或事发表意见　　to comment, to discuss

40．绝　　jué　　（副）完全、一定　　absolutely, perfectly
　　　　≈绝对　决

41．感想　　gǎnxiǎng　　（名）接触事物所产生的想法　　impression, reflection

42．差异　　chāyì　　（名）较小的差别　　difference
　　　　≈差别　区别

43．真诚　　zhēnchéng　　（形）真实诚恳　　sincere, true

44．欢呼　　huānhū　　（动）欢乐地叫喊　　to cheer, to acclaim

45．掌声　　zhǎngshēng　　（名）鼓掌发出的声音　　clapping

46．衷心　　zhōngxīn　　（形）发自内心的、真心真意的　　heartfelt
　　　　≈真心　衷－哀

课　文

　　高一下学期，英语口语课的教学由外国人担任。这学期学校聘请的外籍教师是丽莎(Lisa)小姐。丽莎小姐和同学们的关系特别好。大家非常喜欢她。她年轻、漂亮、活泼、幽默，班上不少女生都暗暗模仿她。她还会来几句北京话，普通话讲得比许多广东人还标准。她还纠正广东学生的普通话："形容人用'胖'，形容动物才用'肥'，广东管胖子叫'肥佬'，严格地讲是用词不当。"

　　她的教学方法与其他老师大不相同，上她的课很轻松，课堂气氛很活跃。可是期中考试，许多同学却不及格，原因是"外教"没有好好领会我们国家的教学要求，据说欧美国家的教师自己可以决定用什么教材和以什么方式讲课。她认为尽量让学生多学点东西才是最重要的。

　　一次上课是对话，同学们你一句我一句，一个劲儿地问问题："你为什么学中文？""西方国家的中学生生活是什么样的？""西餐好吃还是中餐好吃？"丽莎小姐总是认真回答，一点也不含糊，而且常常妙语连珠。

　　余发问丽莎小姐："你到底是哪国人？"因为有人说她是英国人，有人说她是德国人。到后来许多人都弄不明白她到底是哪国人。

　　"我母亲是德国人，我的父亲是爱尔兰人，我在美国读书，大学毕业后，先到台湾学中文，后来又到北京大学学习。"

　　"难怪你的中文这么地道。"

　　"哪里，哪里，讲得南腔北调。"

　　"啊！你连'南腔北调'都说呀！"

　　余发还是固执地追问："你到底是哪国人？"

　　丽莎小姐故意作出沉思的样子，皱着眉头，过了一会，笑道："我是世界人。"

　　"世界人？"同学们奇怪地反问。

　　"我与那么多民族有关系，如果再嫁给中国人，那不是'世界人'是什么？"

　　世界人，又是一个当代流行语，好一个丽莎，好一个世界人！

　　谢欣然佩服丽莎小姐的经历，年纪轻轻的就几乎走遍了整个世界："地球在你们眼里真小，在我们眼里真大。"

　　"所以现在许多中国留学生到发达国家去学习，学成后，回来建设祖国。等将来有一天中国发达了，外国人也许会像现在中国人出国一样，都到中国来留学，到时候就拜托你们关照了！"丽莎小姐像日本人那样鞠了躬。她真幽默！

　　丽莎小姐相信基督教 (Jīdūjiào　Christianity)，她的一些观点和我们有分歧。这也引起了同学们的好奇。

　　在余发看来，这太让人难以理解了："人是由猴子变来的，这是常识。怎么可能是上帝创造的呢？这太可笑了！"

　　"你是由猴子变来的吗？"丽莎小姐仍旧微笑着。

　　同学们顿时大笑起来，余发脸一红："我，我当然不是。"

　　"鸡和蛋哪个先出现？"丽莎小姐又问。

　　"不知道。"就这个问题，同学们曾争论过很久，可是没结果。

　　"这个问题对我们来说很简单：都是神创造的。"

147

各人有各人的观念。丽莎小姐笑了。同学们也笑了。

丽莎小姐与同学们无话不谈。她说起她的"Puppy Love（初恋）"，那一年她5岁，和邻居7岁的小男孩十分要好，后来邻居要搬家，她在妈妈的帮助下连夜做了一个心形的蛋糕送给小男孩。小男孩也送她一束花。第二天，邻居走了，她伤心地大哭，父母就带上她开了几个
5 小时车赶到机场，让这对"小恋人"见最后一面。现在回想起来，她还很感动，不仅被当时的幼稚而纯洁的Puppy Love感动，更被父母感动。

同学们议论纷纷："中国的爸爸妈妈绝不会这样！"

萧遥笑着发表自己的感想："中西文化的差异全表现在这儿了。"

王笑天接着大声又不好意思地问："Miss Lisa, do you have a boyfriend？"
10 顿时，全班响起一阵大笑，笑得王笑天脸都红了。

丽莎微笑着点了点头。

同学们好奇地问："他是谁？"

丽莎没有生气，还讲起了"他"的故事：他是一个中国人，他们是在北京大学认识的，交往了几年，感情越来越好，现在正准备结婚。
15 这对恋人的爱情故事听起来似乎很平常，但却十分令人感动。

"结婚后你们会去德国吗？"有人好奇地问。

"不，我们留在中国。"丽莎真诚地回答。

"欢迎你做中国新娘！"同学们欢呼起来，掌声也响了起来，大家衷心地祝愿她幸福快乐。

（据郁秀《花季雨季》的有关内容改写）

148

重点词语学习

一 **聘请** 动词。正式地请人担任某个职务。

1. 这学期学校聘请的外籍教师是丽莎小姐。
2. 公司聘请李先生担任副总经理。
3. 学校从北京聘请了一位著名教授担任文学院院长。

"聘请"和"招聘"有不同："招聘"是公开通过考试招收，而"聘请"对所聘请的人已有充分了解，不需考试。

二 **领会** 动词。意思是了解事物的情况并理解其中的意义。

1. 原因是"外教"没有好好领会我们国家的教学要求。
2. 只有在经历了一些挫折后，你才能领会这首诗的深刻含义。
3. 他朝我挤了挤眼，我立刻领会了他的意思。
4. 周杰聪明好学，对新知识领会得特别快。

149

三 **含糊** 形容词。指态度或意思模糊、不明确、不清楚；或指态度不认真。

1. 丽莎小姐总是认真回答，一点也不含糊。
2. 这个工作关系着很多人的安全，要反复检查，不能含糊。
3. 我们向他询问当时的情况，他回答得很含糊。
4. 他的态度含含糊糊的，不说同意，也不说反对。

四 **地道** 形容词。意思是真正的、纯正的、准确的。一般做谓语、定语，并可重叠做定语。

1. 难怪你的中文这么地道。
2. 他的上海话说得这么地道，肯定是上海人了。
3. 玛丽会做几个地道的四川菜。
4. 他一辈子生活在广州，是地地道道的广州人。

五 **沉思** 动词。意思是较长时间专心地想、认真地考虑。

1. 丽莎小姐故意作出沉思的样子。
2. 他皱着眉头，沉思了好久，才做出了选择。
3. 他静静地坐在桌前沉思着。
4. 听着音乐，他沉思起来。

六 **佩服** 动词。意思是承认别人比自己水平、技术高，尊敬和相信别人。

1. 谢欣然佩服丽莎小姐的经历，年纪轻轻的就几乎走遍了整个世界。

2．我非常佩服老张的为人处世。

3．玛丽的汉语说得那么地道，真令人佩服。

4．他佩服地说："你真了不起！"

七 **拜托** 动词。托人办事时礼貌、客气的说法，相当于"请、托"。

1．将来外国人都到中国来留学，到时候就拜托你们关照了！

2．这本书，拜托你交给小赵。

3．他刚来中国，拜托你们多关心他、帮助他。

4．这件事只有麻烦你想想办法，拜托了！

八 **争论** 动词。各人坚持自己的意见，进行讨论。

1．就这个问题，同学们曾争论过很久，可是没有结果。

2．在会议上，代表们争论的问题主要有三个。

3．大家争论了半天，最后决定由老韩负责这个工作。

九 **观念** 名词。与"观点"义近。但"观念"指人的思想意识，而"观点"只指人对某一具体问题的看法。常说"传统观念、思想观念、鲜明的观点"，不可互换。

1．各人有各人的观念。

2．丽莎小姐相信基督教，她的一些观点和我们有分歧。

3．不少中国人还存在重男轻女的传统观念。

3．人的思想观念是受环境影响的。

4．小王，说说你的观点。

十 **回想** 动词。与"回忆"义近，有时可互换。但"回忆"还有名词的用法，做动词时还可重叠，还可用于祈使句；而"回想"没有名词的用法，也不可重叠，也不用于祈使句。

1．现在回想起来，她还很感动。

2．回想当年的情景，他不由得激动起来。

3．这段回忆永远留在我的心中。

4．你把书放在哪儿了？好好回忆回忆！

十一 **差异** 名词。指差别、区别。

1．中西文化的差异全表现在这儿了。

2．汉语方言之间的差异主要表现在语音和词汇上。

3．在这个问题上，他们俩的观点差异很大。

语法注释

一、广东人管胖子叫'肥佬'，严格地讲是用词不当。

"管……叫……"，口语句式，意思与"把……叫做（称为）……"相同。

1. 他长得挺胖，大家管他叫胖子。
2. 北方人管妈妈的妈妈叫姥姥，南方人管妈妈的妈妈叫外婆。
3. 她比我大几岁，我管她叫大姐。

二、难怪你的中文这么地道。

"难怪"，连词，表示明白了原因，不再觉得奇怪。相当于"怪不得"。常与"原来"配合。

1. 原来他在中国留过学，难怪他的汉语说得这么好。
2. 你是新来的？难怪没见过你。
3. 难怪他如此悲伤，原来他失去了亲人。

"难怪"还有动词的用法，意思是"不应当责怪"：

4. 这事也难怪他，他不了解情况。

三、那不是'世界人'是什么？

"那（这）不是X是什么"，口语常用句式。可表示反问，也可表示疑问。在本文中表反问，强调就是X，X可以是名词、动词或动词性词组：

1. 你告诉我，那不是白菜是什么？
2. 你说菜里没有肉，你看，这不是肉是什么？
3. 她得了第一名你就不高兴，这不是嫉妒是什么？
4. 你明明知道这事和我没关系，还去调查我，这不是找麻烦是什么！

151

四、好一个丽莎，好一个世界人。

"好一个（或其它量词）＋人的名字（或名词性短语）"，这种句式表示赞叹或不满：

1. 好一朵茉莉花！好一朵茉莉花！满园花朵香也香不过它。
2. 深圳，好一座充满生机的城市！
3. 好一个狡猾的小偷，差一点让他跑了！
4. 好一个李小华，你竟敢欺负小妹妹！你等着吧，我一定要告诉你爸爸！

五、年纪轻轻的就几乎走遍了整个世界。

"几乎"，副词。表示事情的状况非常接近某种程度，相当于"差不多"或"差一点"：

1. 他们俩几乎一样高。
2. 听了她的话，几乎所有的人都流下了眼泪。
3. 牛仔服已经在世界上流行了几乎一个世纪了。
4. 今天是元宵节？你不说，我几乎忘了。
5. 好危险呀！汽车几乎撞上他了。
6. 最近他学习退步了，几次考试都几乎不及格。

六、太让人难以理解了。

"**难以**"，副词，修饰双音节动词或动词性短语，多用于书面。意思是不容易。"难以"修饰的双音节动词主要有：理解、想像、表示、表达、领会、决定、解决、形容、相信、发展等：

1. 环境污染的问题暂时还难以得到彻底解决。
2. 我此时的心情真是难以形容。
3. 我心中的感激难以用语言来表达。
4. 他居然得了冠军，实在令人难以相信。

七、丽莎小姐仍旧微笑着。

"**仍旧**"，副词，修饰动词、形容词。意思是和以前一样，与"仍然、依然"义同，可以互换。"依然"多用于文学作品中：

1. 虽然我们的思想观念有差异，但仍旧是好朋友。
2. 多年不见，他仍旧那么活跃、那么幽默。
3. 他现在仍然在中学当老师。
4. 天依然那么蓝，草依然那么绿，花依然那么红。

八、就这个问题，同学们曾争论过很久。

"**就**"，介词，和名词（短语）组成介词短语，限制谈论对象的范围。多用于书面：

1. 就环境污染的问题，代表们展开了热烈的讨论。
2. 请大家就演讲比赛的问题发表自己的意见。

"**就**"还可以与"来说"等组成"就……来说（来讲、来看、而言、而论）"的格式，表示谈论的角度或某一方面：

3. 就工作能力来看，小丁做这个工作最合适。
4. 就口语水平来说，玛利亚是最好的。

九、中国的爸爸妈妈绝不会这样。

"**绝**"，副词，作状语。一般用于否定词前，表示"绝对、完全"。与"决"基本相同：

1. 他做什么事都很认真，绝不含糊。
2. 对别人的成功，绝不要眼红，而应当真诚地向别人学习。
3. 我这么说，决不是非让你去做演员，而是为你失去一个机会而感到惋惜。

练习

一、给下列形似字注音并组词：

纠	观	洁	妙	炒	哀
叫	现	结	秒	吵	衷

二、同义词填空：

（回想　回忆）

1. _____起来，昨天我也有不对的地方。

2. 他这篇文章写的是关于童年生活的_____。

3. _____起当年的事，老人很激动。

4. 你好好_____一下，昨天有什么人来过？

（观念　观点）

5. 这篇文章包含了三个_____。

6. 在这个问题上，我的_____很明确。

7. 我们的思想_____不同，无法进行交流。

8. "和气生财"是中国人的传统_____。

（含糊　模糊）

9. 在原则问题上，不能放弃，这一点不能_____。

10. 时间长了，这件事的印象已经很_____了。

11. 离得太远了，只能看到一个_____的影子。

12. 他的态度很_____，不明确。

13. 照片没照好，有点_____。

三、选词填空：

（弄　绝　议论　感想　欢呼　常识　不当　沉思　拜托　反问）

1. 绿灯时才能过马路，这是每个人都知道的_____。

2. 煤气炉使用_____会有危险。

3. 我不小心把他的照相机_____坏了，怎么办？

4. 读了这本书，你有什么_____？

5. 三班篮球赛得了冠军，三班的同学顿时_____起来。

6. 你一定弄错了，胡大庆_____不会这么做的。

7. 有一封信，_____你带给小李。

8. 你的这种行为，已经引起了大家的_____，请你注意。

9. 我问他到底怎么办，他_____了半天才做出决定。

10. 我问他找谁，他没回答，_____了一句："你是谁？"

四、根据下面的句子写出成语：

1．风很轻柔，阳光灿烂。（　　　　　）

2．没有任何办法。（　　　　　）

3．想尽一切办法。（　　　　　）

4．名次排在前面。（　　　　　）

5．心里怎么想，手里就能怎么做，形容运用得很熟练。（　　　　　）

6．说话语音不纯正，有南方或北方方言。（　　　　　）

7．生动有趣的话一句接着一句，接连不断。（　　　　　）

8．注意力非常集中。（　　　　　）

9．没有做出任何成绩。（　　　　　）

10．形容海水、河水很大或队伍人很多，气势很大。（　　　　　）

11．勇敢地一直向前进，不后退。（　　　　　）

12．指做人和与人接触、交往的态度和方式。（　　　　　）

五、给括号里的词语选择合适的位置：

1．原来你们是同学，你们这么熟悉。（难怪）

2．这几天没见小王，原来他去北京了。（难怪）

3．小李生病了？他今天没来上课。（难怪）

4．这个问题比较复杂，估计在一周内解决。（难以）

5．他变化很大，我不认识他了。（几乎）

6．3 号和 4 号同时跑到了终点（几乎）。

7．请大家两国教育方式的差异谈谈自己的看法。（就）

8．会议结束后，他坐火车离开了上海。（连夜）

9．他虽然七十多岁了，可精神很好。（仍旧）

10．这次比赛我们不能失败，一定要打败上海队。（绝）

11．大家都被他这种的态度感动了。（真诚）

12．你怎么会有这种可笑的想法？（幼稚）

六、用括号里的词语改写句子：

1．原来他在北京住过十年，他的北京话说得这么地道就不奇怪了。（难怪）

2．原来他这么能干，怪不得同学们都佩服他。（难怪）

3．多亏你一直支持我帮助我，我才有了今天的成绩，我从心里深深地感谢你。（衷心）

4．江老师很幽默，讲课时生动有趣的语言接连不断，我们都喜欢听他的课。（妙语连珠）

5．你尝尝，这几样菜是真正的四川风味。（地道）

6．你知道他干不了，却非要让他去干，你这就是为难他！（不是……是什么？）

7．大家对公司今后发展的问题发表了意见。（就）

8．他这么聪明的人竟然会出现这样的失误，我简直很难相信。（难以）

9．他这个人做事总是坚持自己的看法，从来不肯改变。（固执）

10．他说了几句，但态度不明确，我们弄不清楚他到底是同意还是不同意。（含糊）

11．在这个问题上，大家的看法不一致，所以，暂时不能做出决定。（分歧）

12．他虽然二十多岁了，但在为人处世方面还很不成熟。（幼稚）

13. 小林差一点就要哭出来了，大家赶快安慰他。（几乎）

14. 前几年年轻姑娘都穿短裙，今年又开始都穿长裙了。（流行）

七、用括号里的词语回答问题：

1. 你和玛丽的关系怎么样？（要好）

2. 你喜欢唱什么样的歌？（流行）

3. 你姐姐结婚了吗？（嫁）

4. 你和他是老同学了，他这个人怎么样？（真诚　固执）

5. 你觉得中学生谈恋爱好不好？（幼稚）

6. 你们班的同学认为中国哪个地方最好玩？（分歧　争论）

7. 你们的口语课上得怎么样？（气氛　活跃）

8. 你喜欢什么样的男朋友？（幽默　活跃）

9. 听说张先生很会讲话，是吗？（幽默　妙语连珠）

10. 你觉得中国的大学教育和那些国家相同吗？（差异）

八、给加色的词选择合适的义项：

（A 特别注意和重视　　B 水平、质量很高）

1. 中国人非常讲究喝茶。（　）

2. 我们应当讲究文明，讲究礼貌。（　）

3. 他吃的很讲究，穿的也很讲究。（　）

4. 玛丽穿了一套很讲究的衣服。（　）

（A 享受和领会美好的事物　　B 喜欢、认为好）

5. 王老师给我们讲怎么样欣赏中国音乐。（　）

6. 公园里的花是让大家欣赏的，不能随便摘。（　）

7. 我挺欣赏小张这种性格，心里怎么想就怎么说。（　）

8. 汤姆聪明能干，经理很欣赏他。（　）

（A 感到不好办　　　　B 故意给别人制造困难和麻烦）

9. 他是我的朋友，你可别为难他。（　）

10. 这事不好办，可不办他又不高兴，我觉得实在很为难。（　）

11. 有什么为难的事你尽管说，我们大家帮你想办法。（　）

12. 老陈是个老实人，你为什么要为难他？（　）

（A 差不多、接近于　　B 差一点）

13. 我今天头昏，全身没力气，下楼时几乎摔倒。（　）

14. 今天的表演会很热闹，几乎所有的同学都参加了表演。（　）

15. 下了一夜大雪，外面的世界几乎全白了。（　）

16. 今年来我校学习的留学生几乎是去年的两倍。（　）

17. 今天我起床晚了，上课几乎迟到。（　）

九、语段填空：

（知识　不过　原来　匆匆　周围　连忙　就是　可
后悔　如此　传来　然后　学习　兴奋　亮　多）

一位商人正在 1 赶路，已经是半夜， 2 一片漆黑。忽然山沟里 3 一个陌生的声音："捡几块石头吧，这 4 是个难得的机会。"商人半信半疑， 5 他还是弯腰捡了几块石头， 6 继续赶路。

天 7 了，他走进城里，掏出一块石头来看， 8 是块红宝石， 9 掏出另外几块，结果不是红宝石， 10 蓝宝石。商人 11 得跳了起来，可是同时又非常 12 ，早知 13 ，为什么不 14 捡一点？

其实， 15 就是捡石头， 16 就是宝石。

十、补充填空：

这学期，我们学校聘＿＿＿＿了一位外籍教师给我们上口语课。这位老师一口地＿＿＿＿的美式英语，很好听。他的知识很丰富，人很幽＿＿＿＿，讲起课来常常妙＿＿＿＿。他鼓＿＿＿＿每一个人积极发言，课堂上气氛很轻＿＿＿＿。同学们都喜欢和他谈话，有时甚至和他争＿＿＿＿。

他虽然五十多岁了，但精＿＿＿＿很好，思想观＿＿＿＿一点也不落后。他是个很＿＿＿＿活＿＿＿＿的人，常常和我们一起打球，还会唱不少流＿＿＿＿歌曲。他喜欢旅游，世界上著名的城市他几＿＿＿＿都去过，同学们都很尊敬他，也很佩＿＿＿＿他。

十一、说说在教学方法和对待学生的方法方面，你们国家的教师和中国的教师有什么差别？

十二、给现在教你汉语的中国老师用书面的形式提几个意见或建议。

儿子的《留学须知》

　　儿子冬冬去德国留学已经整整一年了,每次与儿子通电话,他总要说:"我都是按你们《留学须知》的要求去做的,请爸爸妈妈放心好了。"

　　还是在去年冬冬去德国留学前夕,大姑小姑,大姨小姨反复关照,反复叮嘱,前前后后需要牢记的"重点"多达40多项。

　　如何能让儿子牢记大家的叮嘱,时时对照检查呢?我反复思考,编写了一份《留学须知》,这份《留学须知》基本包括了大家对他的全部叮嘱,后来竟在他的同学中流传开了,成为大家的《留学须知》。

　　《留学须知》的内容如下:

　　一、护照重要就像生命,小心保管慎之又慎;

　　二、语言就是通行之门,强化语言提高水平;

　　三、立业需要专业支持,成材还需知识基础;

　　四、国格人格牢记在心,真诚待人正直正义;

　　五、遇事镇静不耻下问,勤学勤问虚心请教;

　　六、牢记团结就是力量,不闹矛盾以和为贵;

　　七、尊敬师长遵守法规,同学相处和睦愉快;

　　八、休息娱乐生活丰富,坚持锻炼身体健康;

　　九、努力学习温故知新,每天坚持预习复习;

　　十、多与智者长者交流,增长见识学习处世;

　　十一、除了集体必要旅游,争取机会实习考察;

　　十二、早起早睡生活规律,小毛小病及时服药;

　　十三、深浅衣服分别洗涤,换季更衣早做准备;

　　十四、时刻注意自我保护,外出必须结伴而行;

　　十五、主要现金存入银行,密码记清非急不取;

　　十六、少量现金身边必备,计划安排有条有理;

　　十七、电话磁卡节约使用,时间有限家信简要;

　　十八、学习机会来之不易,时刻牢记读书为首。

（据《新民晚报》1999年12月6日人建的同名文章改写）

157

练习:

认真阅读这份"留学须知",它对你的留学生活有没有帮助?

第十二课

中国的二十四节气

提示：

"二十四节气"是中国独有的东西，是中国文化的一部分，它反映了古代劳动人民的智慧和经验。"二十四节气"到底怎么回事？有什么作用？读了这篇文章，你就可以有一些了解。

生 词

1. 遗产　yíchǎn　（名）死者留下的财产　inheritance, legacy
2. 千家万户　qiānjiāwànhù　很多人家
3. 流域　liúyù　（名）河流流过的地区。如：黄河流域、长江流域　valley
4. 一带　yídài　（名）某个地方和它附近的地方　area around a certain place
5. 依据　yījù　（名）可以作为根据的事实　basis, foundation
　　≈根据
6. 广阔　guǎngkuò　（形）又宽又广　vast, wide, broad
7. 地形　dìxíng　（名）地面起伏的形状　topography, terrain
8. 参考　cānkǎo　（名、动）可以利用的材料、情况　reference
9. 便于　biànyú　（动）比较容易地做某事　easy to, convenient for
10. 广大　guǎngdà　（形）人数多或面积、空间很宽　vast, wide, extensive
　　≈广阔
11. 群众　qúnzhòng　（名）人民大众　the mass, the people
12. 广为　guǎngwéi　（形）范围很大　wide
13. 流传　liúchuán　（动）传下来或传开来　to spread, to hand down
14. 含义　hányì　（名）话语、文章等包含的意思　meaning, implication
15. 四季　sìjì　（名）春夏秋冬四个季节　the four seasons
16. 即　jí　（连）就是　be, mean
17. 前后　qiánhòu　（名）在接近某个时间之前或之后的一段时间　around, about
　　≈左右
18. 黑夜　hēiyè　（名）夜里、晚上　night
　　←→白天
19. 相等　xiāngděng　（动）双方数量、程度一样　be equal
20. 土壤　tǔrǎng　（名）地球表面的土　soil, earth

21. 冬眠　dōngmián　（动）某些动物冬天睡在洞里，神经活动几乎完全停止　hibernation

22. 回升　huíshēng　（动）下降后又往上升　to rise again
　　　　≈上升

23. 种子　zhǒngzi　（名）seed

24. 芽　yá　（名）植物刚长出来的幼小细嫩的部分　bud, sprout

25. 晴朗　qínglǎng　（形）天气好，没有云雾，阳光充足　fine, sunny
　　　　≈晴

26. 清新　qīngxīn　（形）纯净而新鲜　pure and fresh

27. 茂盛　màoshèng　（形）植物长得又多又好　luxuriant

28. 瓜　guā　（名）melon, gourd
　　　　＞　西瓜　黄瓜　南瓜　冬瓜　哈密瓜

29. 大大　dàdà　（副）表示程度很高　greatly, enormously

30. 有利于　yǒulìyú　（动）对……有好处　be good to beneficial

31. 作物　zuòwù　（名）农业上种的各种植物　crop

32. 即将　jíjiāng　（副）不久就要、将要　be about to; soon
　　　　≈将要

33. 颗粒　kēlì　（名）外形小而圆的东西　pellet
　　　　颗－棵

34. 饱满　bǎomǎn　（形）丰满充足。如：精神饱满　full, plump

35. 种植　zhòngzhí　（动）把种子埋在土里或把幼苗种到土里　plant
　　　　≈种　种子（zhǒng）

36. 炎热　yánrè　（形）天气非常热。如：气候炎热　blazing

37. 时节　shíjié　（名）季节、时候　seanson, time
　　　　≈时候

38. 意味着　yìwèizhe　（动）可以理解为；含有某种意思　to signify, to mean

39. 露水　lùshuǐ　（名）早晨地面或物体上的水珠　dew

40. 霜　shuāng　（名）frost　如：白霜、秋霜
　　　　霜－露—雪

41. 进一步　jìnyíbù　在程度上比以前提高　further

42. 该　gāi　（代）那个、这个。如：该厂、该校、该省　this

课　文

　　二十四节气是中国古代劳动人民创造的文化遗产，它能反映季节的变化，指导农业活动，影响着千家万户的衣食住行。由于中国古代的主要政治活动中心集中在黄河流域，二十四节气也就是以这一带的气候为依据建立起来的。中国土地广阔，地形多样，所以二十四节气对于很多地区来讲只是一种参考。

　　所谓二十四节气，就是：立春、雨水、惊蛰(zhé)、春分、清明、谷雨、立夏、小满、芒种(mángzhǒng)、夏至、小暑、大暑、立秋、处暑(chǔshǔ)、白露、秋分、寒露、霜降、立冬、小雪、大雪、冬至、小寒、大寒。为便于记忆，广大群众还将其编成歌广为流传：

　　　　春雨惊春清谷天，夏满芒夏暑相连，
　　　　秋处露秋寒霜降，冬雪雪冬寒又寒。

　　二十四节气的含义是：

　　立春、立夏、立秋、立冬——分别表示四季的开始。"立"即开始的意思。公历上一般在每年的 2 月 4 日、5 月 5 日、8 月 7 日和 11 月 7 日前后。

　　夏至、冬至——表示夏天、冬天到了。"至"即到的意思。夏至日、冬至日一般在每年公历的 6 月 21 日和 12 月 22 日。

　　春分、秋分——表示白天和黑夜长短相等。"分"即"平分"，也就是平均分配的意思。这两个季节一般在每年公历的 3 月 20 日和 9 月 23 日左右。

　　雨水——表示降水开始，雨水逐渐增多。公历每年的 2 月 18 日前后为雨水。

　　惊蛰——春雷响，惊醒了在土壤中冬眠的动物。这时气温回升较快，地里的种子开始发芽。每年公历的 3 月 5 日左右为惊蛰。

　　清明——表示天气晴朗、空气清新、天空明净、草木茂盛。公历每年大约 4 月 5 日为清明。清明前后，是种瓜种豆的最好时候。

　　谷雨——雨水增多，大大有利于谷类作物的生长。公历每年 4 月 20 日前后为谷雨。

　　小满——其含义是麦子等夏熟作物即将成熟，颗粒还没有完全饱满。大约每年公历的 5 月 21 日这天为小满。

　　芒种——麦子等作物成熟，人们开始抓紧种植秋季作物。每年的 6 月 5 日左右为芒种。

　　小暑、大暑、处暑——"暑"是炎热的意思，"处"是结束的意思。小暑还不是最热，大暑才是最热时节，处暑意味着炎热的日子即将结束。它们分别在每年公历的 7 月 7 日、7 月 23 日和 8 月 23 日左右。

　　白露——气温降低，天气转凉，早晨草木上有了露水。每年公历的 9 月 7 日前后是白露。

　　寒露——气温更低，露水很凉。这一天一般在每年的 10 月 8 日。

　　霜降——天气逐渐有点冷了，开始有霜。霜降一般在每年公历的 10 月 23 日。

　　小雪、大雪——开始下雪，小和大表示降雪的程度。小雪在每年公历的 11 月 22 日，大雪则在 12 月 7 日左右。

　　小寒、大寒——天气进一步变冷，小寒还不是最冷，大寒为一年中最冷的时候。公历的 1 月 5 日和该月的 20 日左右为小寒、大寒。

　　了解了二十四节气的含义，对你的日常生活会有一定帮助。

　　　　　　　　（据《健康》1997 年 11 月刘兆华"二十四节气的含义"改写）

一） 依 据　名词。可以作为根据的事实、情况。

　　1. 二十四节气也就是以这一带的气候为依据建立起来的。
　　2. 处理问题应当以事实为依据。

　　"依据"还有介词的用法，相当于"根据、按照"。

　　3. 依据法律的规定，你应当赔偿他的损失。
　　4. 我们依据留学生的汉语水平，把他们分成了10个班。

二） 参 考　名词，指可以利用的材料或情况；还可是动词，指为了某种目的而利用有关材料。

　　1. 二十四节气对于很多地区来讲只是一种参考。
　　2. 我今天买了很多参考书。
　　3. 这只是我的经验，你只能参考，不能完全照着做。
　　4. 我写这篇文章参考了不少专家的书。

三） 便 于　动词，后带动词性宾语。意思是比较容易做某事，用于书面。

　　1. 为便于记忆，广大群众还将其编成歌广为流传。
　　2. 为了便于留学生阅读，他们给文章加上了拼音。
　　3. 图书馆把杂志按内容和时间分类，这样便于读者使用。

四） 广 大　形容词，多作定语。指人数很多或地方很大。

　　1. 为便于记忆，广大群众还将其编成歌广为流传。
　　2. 后天，黄河以北的广大地区气温将普遍回升。
　　3. 《读者》这本杂志受到了广大读者的喜爱。

五） 流 传　动词。指故事、名声、作品等传下来或传开来。

　　1. 便于记忆，广大群众还将其编成歌广为流传。
　　2. 千百年来，在民间流传着一个美丽而感人的故事。
　　3. 雷锋的名字在中国大地上流传着。
　　4. 这首歌已经流传到了国外。

六） 即　动词。表示判断，意思是"是、就是、也就是"，用于书面。

　　1. "立"即开始的意思。"至"即到的意思。
　　2. 羊城即广州，春城即昆明，泉城即济南。

七 前后 名词，用于具体日期或节日之后，表示这个日期之前或之后的一段时间。

1. 公历每年的 2 月 18 日前后为雨水，
2. 立春公历上一般在每年的 2 月 4 日前后。
3. 小王准备春节前后举行婚礼。

"左右"也可用于具体日期之后，表示大概的一段时间，此时可与"前后"互换。但"左右"还可用于时段词之后，"前后"不可；"前后"可用于节日之后，而"左右"不可。另外，"左右"还可用于数字之后，表示大概的数量、年龄，"前后"不可。

4. 每年公历的 3 月 5 日左右为惊蛰。
5. 他学汉语学了三年左右。
6. 他看上去有四十岁左右。
7. 来学习的大约有三百人左右。

八 回升 动词。与"上升"义近，但"回升"指原来高，下降后又往上升；而"上升"指往上升，原来不一定高。可指气温、物价等。

1. 这时气温回升得很快。
2. 去年粮食价格下降，今年年初又开始逐渐回升。
3. 韩国足球队在世界上的排名有所上升。
4. 报名参加义务献血的人数正在不断上升。

九 意味着 动词。意思是"代表……的意义、有……的意义、可以理解为……"。后面多带动词短语或句子。

1. 处暑意味着炎热的日子即将结束。
2. 十八岁就意味着你已经是成人了，应当对自己的行为负责。
3. 大学毕业就意味着走上社会。
4. 汽车意味着速度、自由和享受。
5. 对一个孩子来说，失去父母意味着什么？

十 进一步 形容词，作谓语、状语。表示在程度上比以前提高。

1. 天气进一步变冷。
2. 现在，我对她有了进一步的了解。
3. 以后，咱们要进一步加强联系、加强合作。
4. 通过学习，我们更进一步认识到这个问题的严重性。
5. 最近，他们的关系又进了一步。

一、二十四节气也就是以这一带的气候为依据建立起来的。

"以……为……"，书面常用句式，意思是"把（拿、用）……当作（作为）……"：

1. 汉语普通话以北京音为标准音。
2. 中国民间以红色为吉祥喜庆的颜色。
3. 听力课以提高学生的听力为目的。

二、二十四节气对于很多地区来讲只是一种参考。

"对于……来讲（来说）"，固定格式，表示判断或评论某件事的角度：

1. 对于广州人来讲，春天的变化并不明显。
2. 对于中国人来说，红色象征着兴旺发达、吉祥喜庆。
3. 对于留学生来讲，了解中国的文化很重要。

三、为便于记忆…… ／ 每年公历的3月5日左右为惊蛰。

前一个"为"是介词，读 wèi。表示目的，意思是"为了、为着"；后一个"为"是动词，读 wéi，表示判断，意思是"是"：

1. 我这么做是为谁？还不是为你。
2. 为考上重点大学，他星期天从来不休息。
3. 本科学习时间为四年。
4. 黑板为长方形，篮球为圆形。

四、……雨水逐渐增多……

"逐渐"，副词。表示慢慢地、渐渐地，与"逐步"义近，常可互换。但"逐渐"多用于说明自然的、较慢的变化，而"逐步"多用于说明人为的、一步一步的有计划的变化。

1. 立春过后，气温逐渐回升，天气逐渐暖和起来了。
2. 舞台上的灯光逐渐暗了下来。
3. 往前走，路逐渐变宽了。
4. 政府计划逐步提高人民的生活水平和文化水平。
5. 汉语语法比较复杂，要逐步掌握。
6. 广州市决定逐步减低中小学收费标准。

五、公历每年大约4月5日为清明。

"大约"，副词，与"大概"义近。表示估计数量或推测情况。但"大约"比较书面化，多用于估计数量或时间，而"大概"比较口语化，多用于推测情况，表示可能性大：

1. 大约每年公历的5月21日为小满。
2. 我们学校大约有3万学生。
3. 明天广州地区出现降温，大约一周以后气温开始回升。
4. 看他的表情，大概有什么喜事吧。

163

    5．今天大概不会下雨吧。

    6．我想，他大概是日本人吧。

六、雨水增多，**大大**有利于谷类作物的生长。

"**大大**"，副词，强调程度高。通常修饰双音节动词或短语，如提高、增强、加深、丰富、促进、加快、降低等：

    1．经过一年的努力学习，他的汉语水平大大提高。

    2．这项活动大大加深了同学们之间的感情。

    3．这些活动大大丰富了同学们的生活。

七、小满，其含义是麦子等夏熟作物**即将**成熟。

"**即将**"，副词，修饰双音节动词或动词短语。表示不久就要、将要：

    1．处暑意味着炎热的日子即将结束。

    2．亚洲运动会即将开幕。

    3．冬天到了，青蛙等动物即将开始冬眠。

练习

一、给下列形似字注音并组词：

季	露	瓜	既	暑	开
李	霜	爪	即	薯	升

二、成语填空：

（得心应手　南腔北调　风和日丽　为人处世　胡思乱想
千方百计　妙语连珠　名列前茅　千家万户）

1．我的普通话说得不好，＿＿＿＿＿＿＿的。

2．他并没有生气，也没有怪你，你不要＿＿＿＿＿＿＿了。

3．麦克是个很好的主持人，主持昨天的晚会幽默风趣，＿＿＿＿＿＿＿。

4．高速公路的修建关系到这个地区的经济发展，关系到＿＿＿＿＿＿＿的生活。

5．小宋交际能力强，做外交工作真是＿＿＿＿＿＿＿。

6．改革开放以来，电视机走进了＿＿＿＿＿＿＿。

7．一个人不仅要学习文化知识，还要学习＿＿＿＿＿＿＿的方法，才能成为一个合格的社会成员。

8．这把小提琴他用了三十多年，拉起来＿＿＿＿＿＿＿。

9．他的学习在我们班一直＿＿＿＿＿＿＿，最近不知什么原因突然落后了。

10．现在哈尔滨已经是冰天雪地，而广州依然＿＿＿＿＿＿＿。

11．对学生的要求，他总是＿＿＿＿＿＿＿地满足。

165

三、给括号里的词语选择合适的位置：

1．请把生词按音序排列，这样查找。（便于）

2．明年，广东的经济发展将加快。（进一步）

3．中山大学位于广州市海珠区，校大约有 3 万名学生。（该）

4．亚运会举行，有来自亚洲的大约 30 多个国家参加。（即将）

5．广州也叫羊城，广东省的省会。（即）

6．科学研究发现，每天喝绿茶身体健康。（有利于）

7．由于使用了新技术，生产空调的时间缩短。（大大）

8．在中国，每年 3 月 13 日植树节。（为）

9．他说你的计划做得不错，并不他就同意你的计划。（意味着）

10．这个计划以提高学生的口语能力目的。（为）

四、同义词填空：

（前后　左右）

1．这个工程需要一年＿＿＿＿＿才能完成。

2．清明节＿＿＿＿＿是植树造林的好时节。

3．每年公历的 1 月 20 日＿＿＿＿＿是二十四节气中的大寒。

4. 前来应聘的有100人_____，经过笔试、面试，最后招收了12个。

(晴朗　晴)

5. _____的天空中飘着朵朵白云，草原的秋天真美。

6. 刚才还下雨，现在又_____了，春天天气的变化就是多。

7. 明天如果是_____天，咱们就去爬白云山吧！

8. 今天天气_____，空气清新。

(广阔　广大)

9. 今天，_____北方地区普遍下了中到大雨。

10. 中国经济的发展具有_____的前景。

11. 春天来了，_____的田野上，到处一片绿色。

12. 这个歌手深受_____群众的喜爱。

(回升　上升)

13. 已经是春天了，前几天很暖和，昨天突然降温，大约一周后气温才会逐渐_____。

14. 前来参观的人数还在_____，估计可能达到两千人。

15. 今年广东足球队在全国的排名_____到第三位。

16. 前些天，受国际形势的影响，石油的价格下降，这几天又开始_____了。

五、选词填空：

(时节　茂盛　清新　流域　流传　参考　露水)

1. 刚下过雨，山里的空气非常_____。

2. 现在是收麦子的_____，大家都很忙。

3. 早在唐代，中国的诗歌就_____到了日本和韩国。

4. 黄河_____是中华民族的摇篮。

5. 下了一场雨后，地里的蔬菜长得更加_____了。

6. 到了白露这个节气，早晨草上、树叶上就会有_____。

7. 你不是准备考HSK吗？这本书你可以_____一下。

(即　该　广　地形　饱满　依据)

8. 晚上休息得好，第二天才能精神_____。

9. 贵州省地处大西南，_____复杂，气候多变。

10. "夏至"_____夏天到了的意思。

11. 玛丽是我们系的学生，_____生学习认真，成绩优秀。

12. 这首歌流行很_____，中国人差不多都会唱。

13. 处理问题要以事实为_____，不能根据自己看法来处理。

六、用括号里的词完成句子：

1. 手提电脑重量轻，体积小，_____。(便于)

2. 有个手机_____。(便于)

3．每天听录音，看录像，_____。（有利于）

4．每天散步，_____。（有利于）

5．经过一年的刻苦学习，_____。（大大）

6．_____，不适合种植水稻。（一带）

7．小王准备_____。（前后）

8．以前我和他不太熟，经过一个多月的合作，_____。（进一步）

9．我们要努力学习，_____。（进一步）

10．这首乐曲_____。（广为）

七、用括号里的词回答问题：

1．中国的清明节大约是什么时候？（前后）

2．这几天天气怎么样？（晴朗）

3．印度尼西亚的气候怎么样？（炎热）

4．秋分这一天，白天长还是黑夜长？（相等）

5．东北冬天有没有蛇？（冬眠）

6．杰克这座房子是他自己买的吗？（遗产）

7．你认为喝茶好还是喝咖啡好？（有利于）

8．这学期学完后，你有什么打算？（进一步）

9．你们国家主要有什么农作物？（种植）

10．玛利亚这几天在忙什么？（即将）

167

八、用括号里的词语改写句子：

1．为了使大家互相联系更方便，我们把每个人的电话号码和E-mail地址发给大家。（便于）

2．你的听力还不太好，要多努力，把听力再提高一些。（进一步）

3．河南省是人口大省，这个省有人口8000多万。（该）

4．青藏铁路的修建，对西部经济的发展是有利的。（有利于）

5．选择首先放弃孔雀就等于是首先放弃你的爱人。（意味着）

6．最近，来这里参观的人增加了很多。（大大）

7．我们班的女同学大多数是韩国人。（为）

8．在中学教学中，教师是中心，课堂上主要是教师讲，学生听。（以……为）

9．飞机很快就要起飞了，请大家系好安全带。（即将）

10．北京大学是中国最著名的大学之一，这个学校有100多年历史。（该）

九、改正下列句子中的错误：

1．老师很讲究我们的学习。

2．天气预报说明天是个晴朗天。

3．他在中山大学学习汉语有两年前后。

4．我准备春节左右回国，你呢？

5．你变化太大了，简直我都不认识你了。

6．他除了会说汉语，我也会说汉语。

7．除了他去过桂林，还去过昆明。

8．这个汉字很难以写，我写了几遍也写不好。

9．我觉得这件事很难以解决

10．我绝同意你的意见。

十、综合填空：

生活里的每一个人 __1__ 你的老师，即使是经常和你为难的人也不 __2__ 。 __3__ 你从他们身上可以知道自己的水平。当然， __4__ 是你的老师，也没有人规定你非得喜欢他们 __5__ 。你可以 __6__ 他们，但是你 __7__ 向他们学习，向他们 __8__ 。

1.	A.是	B.也是	C.可是	D.都是
2.	A.相同	B.同	C.例外	D.如此
3.	A.由于	B.因为	C.因	D.不过
4.	A.哪怕	B.因为	C.如果	D.既然
5.	A.不是	B.不可	C.呢	D.吗
6.	A.喜欢	B.不喜欢	C.熟悉	D.了解
7.	A.应当	B.不应当	C.喜欢	D.不喜欢
8.	A.请求	B.学习	C.请教	D.熟悉

二十四节气能 __9__ 气候变化和农事季节，在农业生产上有重要 __10__ 。二十四节气的 __11__ ，有的表示 __12__ 变化，有的表示气温变化，有的表示降水降雨的 __13__ ，有的说明 __14__ 生长情况。由此可见，二十四节气和农业生产的关系是非常 __15__ 的。两千年 __16__ ，中国农民都 __17__ 二十四节气来安排农业生产，这也是农历一直保留至今的 __18__ 。

9.	A.表达	B.明确	C.评价	D.表明
10.	A.内容	B.意义	C.意思	D.含义
11.	A.名称	B.内容	C.名字	D.说法
12.	A.天气	B.农业	C.季节	D.气温
13.	A.情景	B.状况	C.景象	D.情况
14.	A.植物	B.作物	C.树木	D.花草
15.	A.亲密	B.重要	C.密切	D.重视
16.	A.多	B.来	C.后	D.前
17.	A.据说	B.根据	C.遵守	D.拿
18.	A.理由	B.原因	C.遗产	D.流传

十一、谈谈你们国家的气候，四季的特点。

十二、用简单的话解释每个节气名称的含义：

立春　雨水　惊蛰　春分　清明　谷雨
立夏　小满　芒种　夏至　小暑　大暑
立秋　处暑　白露　秋分　寒露　霜降
立冬　小雪　大雪　冬至　小寒　大寒

农历和二十四节气

中国人现在还使用的农历实际上是一种阴阳历。由于它便于农业生产，所以从古到今一直使用。

农历以月亮绕地球一周为 1 个月，平年大月 30 天，小月 29 天，一年有 12 个月，共 354 天或 355 天。由于一年比地球绕太阳一周的实际时间少 11 天，就采用加闰月的办法，3 年加一个闰月，5 年加 2 个闰月，19 年加 7 个闰月。有闰月的年份，1 年 383 天或 384 天。这样，19 年的年平均长度就和阳历每年的长度（365 天）差不多了。

农历的特点是，既能表示月亮的圆缺变化，又能表示季节的寒暑变化。

二十四节气，就是农历的一个内容，它对指导农业生产有着重要作用。

中国古代农民在农业生产中逐步认识了太阳和月亮的运动规律，他们根据日月运动和气候变化、植物生长现象的关系，把一年分成 24 等份，并给每等份取名，这就是"二十四节气"。二十四节气产生在战国时期。二十四节气实际上是地球绕太阳运行轨道上的 24 个不同的位置。地球绕太阳一周为 360 度，每隔 15 度就是一个节气，两个节气之间相隔 15 天，每个月有两个节气，一年就是 24 个节气了。

二十四节气能表明气候变化和农事季节，在农业生产上有重要的意义。

二十四节气的名称，有的表示季节变化，有的表示气温变化，有的表示降水降雨的情况，有的说明作物生长情况。从名称就可以看出，二十四节气和农业生产是非常密切的。俗话说："种田看天气"，两千年来，中国农民都按照二十四节气来安排农活。这也是农历（the lunar calendar）一直保留至今的原因。把和农业生产有密切关系的二十四节气放在历法（calendar）中，是中国古代劳动人民的杰出创造，也是农历的一个十分优越的地方。

练习：

农历指什么？二十四节气又是怎么一回事？

部分练习答案

第一课

三、1.C 2.B 3.B 4.C 5.C 6.B 7.D 8.B 9.C 10.B 11.C 12.B 13.D 14.C 15.C 16.D

五、1.心理 2.设计 3.顺序 4.游戏 5.神秘 6.悲哀 7.说法 8.不出所料 9.权力 10.惟一 11.不以为然 12.例外

六、1.B 2.B 3.B 4.A 5.A 6.A 7.A 8.B 9.B 10.A

七、1.以后 2.之后/以后 3.以后 4.之后/以后 5.立刻 6.顿时/立刻 7.考虑 8.着想 9.钱 10.金钱 11.艰苦/苦 12.苦 13.愿望 14.欲望 15.苦 16.愿望

八、1.B 2.B 3.A 4.A 5.B 6.D 7.C 8.A 9.C

第二课

二、1.推辞 2.清醒 3.捎 4.欺负 5.苦恼 6.弄 7.惊慌 8.为难 9.忍 10.彼此

三、1.交往 2.交往 3.交际 4.告辞 5.告别 6.忠实 7.老实 8.老实 9.告别

四、1.A 2.C 3.D 4.C 5.B 6.D 7.A 8.B 9.C 10.C 11.B 12.D

八、1.抽空 2.喝着喝着 3.苦恼 4.小心翼翼 5.流着眼泪 6.很为难 7.治好 8.颤抖 9.一句 10.忍心 11.舍不得 12.可是

第三课

三、1.C 2.D 3.D 4.B 5.A 6.B 7.A 8.B 9.D 10.C 11.C 12.B 13.C 14.D 15.D

四、1.端正 2.伟大 3.手掌 4.树木 5.温和 6.心疼 7.喜出望外 8.天空 9.考验 10.干旱 11.留意 12.歌唱 13.冷淡 14.懂事 15.华丽 16.虚荣 17.登 18.涌 19.罐 20.艘

七、1.D 2.A 3.D 4.C 5.D 6.B 7.D 8.C

十、1.B 2.D 3.A 4.D 5.B 6.D 7.B 8.D

十一、1.经常 2.苦苦地 3.实在 4.结果 5.努力 6.放弃 7.其实 8..机会 9.耐心地

第四课

三、1.成人 2.人间 3.脱离 4.心理 5.婴儿 6.生理 7.抚养 8.器官 9.表明 10.勉强 11.运用 12.失去 13.适宜 14.特有 15.惊人 16.开动

四、1.一同 2.共同 3.共同 4.一同 5.机会 6.时机/机会 7.机会 8.机会 9.差别/区别 10.区别 11.差别/区别 12.区别 13.表明 14.表示 15.表示 16.说明 17.说明 18.表明 19.曾经 20.曾经 21.已经 22.已经 23.经常 24.经常 25.经常 26.通常 27.通常 28.有 29.特有 30.有 31.有 32.死 33.死/死亡 34.死 35.死亡

六、1.C 2.B 3.C 4.B 5.A 6.C 7.D 8.D 9.B 10.D

八、1.吞吞吐吐 2.小心翼翼 3.喜出望外 4.不出所料 5.无能为力 6.由此可见 7.不以为然 8.无能为力

9.喜出望外 10.小心翼翼

九、1.C 2.A 3.B 4.C 5.A 6.A 7.D 8.D 9.C 10.B

第五课

三、1.心中 2.心头/心中 3.心头 4.心中 5.祝愿 6.祝愿 7.愿 8.愿 9.陪同 10.陪伴 11.陪
12.陪/陪同 13.陪/陪伴 14.陪伴 15.向 16.跟 17.向 18.跟 19.跟

四、1.张罗 2.珍重 3.心愿 4.在意 5.不平 6.真情 7.唠叨 8.洒脱 9.相 10.图 11.揉 12.捶
13.舍 14.饮 15.天长地久 16.一路顺风

六、1.总 2.无论 3.自 4.不必 5.总 6.哪怕 7.总 8.不必 9.无论 10.无论

十、1.C 2.B 3.C 4.B 5.D 6.A 7.B 8.B 9.B

十一、1.华丽 2.发愁 3.艰苦 4.金钱和权力 5.洒脱 6.人生 7.只要 8.获得 9.生活

第六课

三、1.无能为力 2.无所作为 3.喜出望外 4.不以为然 5.不出所料 6.小心翼翼 7.由此可见
8.天涯海角 9.吞吞吐吐 10.天长地久 11.一路顺风

四、1.长 2.漫长 3.长 4.漫长/长 5.方式 6.方法 7.方法 8.方式 9.坚强
10.顽强 11.顽强 12.坚强 13.匆忙 14.匆匆/匆忙 15.匆匆 16.匆忙 17.匆匆 18.情况
19.情况 20.情景/情况 21.情景 22.宣布 23.宣告 24.宣告 25.宣布

五、1.耗 2.刺 3.插 4.插 5.缩 6.插 7.刺 8.耗 9.缩 10.缩 11.培育 12.积累 13.青春 14.惋惜
15.突出

六、1.C 2.C 3.B 4.C 5.A 6.D 7.D 8.B 9.C 10.D

十一、1.D 2.B 3.A 4.B 5.D 6.C 7.D 8.B 9.C

十二、1.喜爱 2.大 3.浓 4.鲜艳 5.都 6.其中 7.常 8.治病 9.培育 10.如果

第七课

二、1.B 2.C 3.C 4.C 5.A 6.C 7.D 8.D 9.C 10.D 11.C 12.A

三、1.拜访 2.失误 3.前途 4.担任 5.优胜 6.承受 7.支付 8.作风 9.素质 10.招收 11.亲人
12.打击

四、1.挑选 2.选择 3.挑选 4.选择 5.幸亏/多亏 6.幸亏/多亏 7.多亏 8.多亏 9.宣布
10.公布/宣布 11.宣布 12.公布 13.伤心/悲伤 14.悲伤/悲哀 15.悲哀 16.伤心 17.悲哀
18.悲伤/悲伤 19.错误 20.错误 21.错误 22.失误 23.失误 24.原因 25.原因 26.理由
27.理由

八、1.A 2.C 3.B 4.C 5.B 6.A 7.B 8.D 9.A

九、1.招聘 2.应聘 3.初试 4.复试 5.名列前茅 6.颤抖 7.落选 8.不出所料 9.考验 10.在意
11.挫折 12.千方百计

第八课

三、1.尘土 2.畔 3.令 4.长久 5.品 6.盼 7.谢 8.秀气 9.田野 10.期待 11.冰冷 12.灿烂 13.呼唤

五、1.一路顺风 2.天长地久 3.天涯海角 4.轰轰烈烈 5.勇往直前 6.聚精会神 7.无可奈何 8.无所作为

六、1.B 2.B 3.C 4.D 5.D 6.D 7.B 8.C 9.A 10.C

七、1.景象 2.现象 3.现象 4.景象 5.忍不住/不由得 6.忍不住 7.不由得 8.不由得 9.不由得/忍不住 10.平静 11.安静 12.寂静/宁静/静静 13.静静 14.平静 15.平静/宁静/寂静

十、1.不同 2.光秃秃 3.春暖花开 4.蓬勃 5.阳光灿烂 6.鲜艳 7.期待和惊喜 8.平淡 9.风和日丽 10.温暖 11.鲜艳 12.碧绿 13.明净 14.绿油油 15.景象 16.迷人 17.蓬勃 18.赞美

第九课

三、1.重点 2.罚 3.假装 4.退步 5.用心 6.监督 7.功课 8.为人处世 9.之下 10.参谋

五、1.严厉 2.严厉 3.严格 4.严格 5.询问 6.问 7.询问 8.问 9.看望 10.拜访/看望 11.拜访 12.看望 13.亲密/密切 14.密切 15.亲密 16密切 17.稍微 18.稍微 19.稍微/稍 20.稍微 21.一再/再三 22.再三 23.一再 24.一再 25.暗暗 26.悄悄 27.暗暗 28.偷偷 29.悄悄/偷偷 30.偷偷

十、1.D 2.B 3.C 4.B 5.B 6.D 7.A 8.C 9.C 10.D

十一、1.往往 2.但是 3.长久 4.减少 5.尤其是 6.放弃 7.其实 8.坚持 9.完 10.而不是

第十课

四、1.深厚 2.深刻 3.深刻 4.深厚 5.深刻 6.包括 7.包含 8.包含 9.包括 10.喜欢 11.喜欢 12.喜爱 13.喜爱/喜欢 14.颜色 15.颜色 16.色彩 17.颜色 18.色彩/颜色 19.到处/处处 20.到处/处处 21.到处 22.处处 23.到处 24.开业/开张 25.开幕 26.开业 27.开业/开张

五、1.人物 2.利润 3.典礼 4.评 5.吉祥 6.请柬 7.分配 8.斗争 9.兴旺 10.眼红

六、1.B 2.D 3.C 4.C 5.A 6.B 7.D 8.D 9.C 10.D 11.A 12.D

九、1.反应和情感 2.意义和作用 3.由 4.或者 5.比如 6.树木 7.麦苗 8.春天、青春和希望 9.而 10.不成熟、无知

十、1.B 2.D 3.A 4.B 5.C 6.D 7.A 8.D 9.A 10.B

第十一课

二、1.回想 2.回忆 3.回忆/回想 4.回忆 5.观点 6.观点 7.观念 8.观念 9.含糊 10.模糊 11.模糊 12.含糊 13.模糊

三、1.常识 2.不当 3.弄 4.感想 5.欢呼 6.绝 7.拜托 8.议论 9.沉思 10.反问

四、1.风和日丽 2.无可奈何 3.千方百计 4.名列前茅 5.得心应手 6.南腔北调 7.妙语连珠

8.聚精会神 9.无所作为 10.浩浩荡荡 11.勇往直前 12.为人处世

八、1.A 2.A 3.B 4.B 5.A 6.A 7.B 8.B 9.B 10.A 11.A 12.B 13.B 14.A 15.A
16.A 17.B

九、1.匆匆 2.周围 3.传来 4.可 5.不过 6.然后 7.亮 8.原来 9.连忙 10.就是 11.兴奋
12.后悔 13.如此 14.多 15.学习 16.知识

第十二课

二、1.南腔北调 2.胡思乱想 3.妙语连珠 4.千家万户 5.得心应手 6.千家万户 7.为人处世
8.得心应手 9.名列前茅 10.风和日丽 11.千方百计

四、1.左右 2.前后 3.左右/前后 4.左右 5.晴朗 6.晴 7.晴 8.晴朗 9.广大 10.广阔 11.广阔
12.广大 13.回升 14.上升 15.上升 16.回升

五、1.清新 2.时节 3.流传 4.流域 5.茂盛 6.露水 7.参考 8.饱满 9.地形 10.即 11.该 12.广
13.依据

十、1.D 2.C 3.B 4.A 5.B 6.B 7.A 8.C 9.D 10.B 11.A 12.A 13.D 14.B 15.C
16.B 17.B 18.B

生词表

A

按 àn （介）1
暗暗 àn'àn （副）9

B

罢了 bàle （助）8
拜访 bàifǎng （动）7
拜托 bàituō （动）11
瓣 bàn （名）6
包含 bāohán （动）10
包围 bāowéi （动）6
饱满 bǎomǎn （形）12
悲哀 bēi'āi （形）1
悲观 bēiguān （形）6
悲伤 bēishāng （形）7
彼此 bǐcǐ （代）2
笔 bǐ （量）7
笔试 bǐshì （名）7
碧绿 bìlǜ （形）8
鞭炮 biānpào （名）10
便于 biànyú （动）12
表明 biǎomíng （动）4
表情 biǎoqíng （名）9
冰冷 bīnglěng （形）8
并 bìng （连）4
不曾 bùcéng （副）8
不出所料 bùchūsuǒliào 1
不当 búdàng （形）11
不平 bùpíng （形）5
不以为然 bùyǐwéirán 1
不由得 bùyóudé 8
步行 bùxíng （动）6

C

财宝 cáibǎo （名）3
参考 cānkǎo （名、动）12

174

C

参谋 cānmó （名、动）9
灿烂 cànlàn （形）8
操心 cāoxīn （动）5
曾经 céngjīng （副）4
插 chā （动）6
茶话会 cháhuàhuì （名）9
差别 chābié （名）4
差异 chāyì （名）11
颤抖 chàndǒu （动）2
长久 chángjiǔ （形）8
常识 chángshí （名）11
尘土 chéntǔ （名）8
沉 chén （动）3
沉思 chénsī （动）11
成人 chéngrén （名）4
承受 chéngshòu （动）7
吃惊 chījīng 1
吃力 chīlì （形）4
充实 chōngshí （动、形）9
抽空 chōukòng （动）2
绸带 chóudài （名）10
处处 chùchù （副）10
捶 chuí （动）5
此 cǐ （代）6
刺 cì （名、动）6
从小 cóngxiǎo （副）4
匆匆 cōngcōng （形）6
匆忙 cōngmáng （形）3
挫折 cuòzhé （名）7

D

打击 dǎjī （动、名）7
大大 dàdà （副）12
大地 dàdì （名）8
大脑 dà'nǎo （名）4
大自然 dàzìrán （名）6

生词表

176

生词表

请教 qǐngjiào （动）9
去世 qùshì （动）9
权力 quánlì （名）1
群 qún （量、名）4
群众 qúnzhòng （名）12

R

然而 rán'ér （连）6
人间 rénjiān （名）4
人生 rénshēng （名）5
人物 rénwù （名）10
忍 rěn （动）2
忍不住 rěnbúzhù 8
忍心 rěnxīn （动）2
仍旧 réngjiù （副）11
揉 róu （动）5
如此 rúcǐ （代）7

S

洒脱 sǎtuō （形）5
色彩 sècǎi （名）10
沙漠 shāmò （名）6
伤害 shānghài （动）2
上帝 shàngdì （名）11
捎 shāo （动）2
稍 shāo （副）9
稍微 shāowēi （副）9
舍 shě （动）5
舍不得 shěbùdé （动）2
设计 shènjì （动、名）1
深厚 shēnhòu （形）10
深刻 shēnkè （形）6
神 shén （名）11
神经 shénjīng （名）4
神秘 shénmì （形）1
甚至 shènzhì （副）1
慎重 shènzhòng （形）7
生机 shēngjī （名）8
生理 shēnglǐ （名）4
失去 shīqù （动）4
失误 shīwù （名）7

诗歌 shīgē （名）5
时机 shíjī （名）4
时节 shíjié （名）12
实话 shíhuà （名）1
是否 shìfǒu 1
适宜 shìyí （形）4
手掌 shǒuzhǎng （名）3
舒适 shūshì （形）3
束 shù （量）11
树木 shùmù （名）3
霜 shuāng （名）12
顺序 shùnxù （名）1
说法 shuōfǎ （名）1
丝毫 sīháo （副）4
死亡 sǐwáng （动、名）4
四处 sìchù （名）2
四季 sìjì （名）12
似的 shìdè （助）2
艘 sōu （量）3
素质 sùzhì （名）7
缩 suō （动）6
所谓 suǒwèi （形）4

T

叹气 tànqì （动）2
探险 tànxiǎn （动）1
桃花 táohuā （名）8
特点 tèdiǎn （名）6
特殊 tèshū （形）1
特有 tèyǒu （形）4
天长地久 tiānchángdìjiǔ 5
天空 tiānkōng （名）3
天涯海角 tiānyáhǎijiǎo 5
田野 tiányě （名）8
挑选 tiāoxuǎn （动）7
听讲 tīngjiǎng （动）9
通常 tōngcháng （副）4
同乡 tóngxiāng （名）1
透 tòu （动、形）3
突出 tūchū （形）6
图 tú （动）5

生词表

依据 yījù （名）12
依然 yīrán （副）8
遗产 yíchǎn （名）12
仪式 yíshì （名）10
义务 yìwù （名）9
议论 yìlùn （动）11
意味着 yìwèizhe （动）12
饮 yǐn （动）5
婴儿 yīng'ér （名）4
应聘 yìngpìn （动）7
勇往直前 yǒngwǎngzhíqián 6
涌 yǒng （动）3
用心 yòngxīn （形）9
优胜 yōushèng （形）7
幽默 yōumò （形）11
由此可见 yóucǐkějiàn 4
犹豫 yóuyù （形）3
游戏 yóuxì （名）1
有利于 yǒulìyú （动）12
幼稚 yòuzhì （形）11
语文 yǔwén （名）4
欲望 yùwàng （名）1
原始 yuánshǐ （形）1
圆满 yuánmǎn （形）10
元宵节 Yuánxiāojié （名）10
愿 yuàn （动）5
运气 yùnqi （名）10
运用 yùnyòng （动）4

Z

再三 zàisān （副）9
在意 zàiyì （动）5
赞美 zànměi （动）6
造成 zàochéng （动）7
张罗 zhāngluo （动）5
长 zhǎng （动）4
掌声 zhǎngshēng （名）11
招聘 zhāopìn （动）7
招收 zhāoshōu （动）7
着想 zháoxiǎng （动）1
珍重 zhēnzhòng （动）5

真诚 zhēnchéng （形）11
争论 zhēnglùn （动）11
挣扎 zhēngzhá （动）2
整 zhěng （形）2
整整 zhěngzhěng （形）9
之后 zhīhòu （名）1
之下 zhīxià （名）9
支付 zhīfù （动）7
职员 zhíyuán （名）7
只得 zhǐdé （副）9
只能 zhǐnéng （副）4
至于 zhìyú （连）2
忠实 zhōngshí （形）2
衷心 zhōngxīn （形）11
种类 zhǒnglèi （名）10
种子 zhǒngzi （名）12
种植 zhòngzhí （动）12
重大 zhòngdà （形）4
重点 zhòngdiǎn （名）9
皱 zhòu （动）2
株 zhū （量）8
祝愿 zhùyuàn （动、名）5
爪子 zhuǎzi （名）2
追问 zhuīwèn （动）1
着想 zhuóxiǎng （动）1
子女 zǐnǚ （名）1
自杀 zìshā （名）7
自愿 zìyuàn （动）7
总之 zǒngzhī （连）10
组成 zǔchéng （动）4
祖母 zǔmǔ （名）9
钻石 zuànshí （名）3
作风 zuòfēng （名）7
作物 zuòwù （名）12

180

语法注释目录

语法注释目录

182

图书在版编目（CIP）数据

阶梯汉语.中级精读.第 1 册/周小兵主编.－北京: 华语教学出版社,2004
ISBN 978－7－80052－974－0

Ⅰ.阶... Ⅱ.周... Ⅲ.汉语—阅读教学—对外汉语教学—自学参考资料　Ⅳ.H195.4

中国版本图书馆 CIP 数据核字(2004)第 041991 号

阶梯汉语·中级精读
（第 1 册）
丛书主编 周小兵

组　　稿: 单　瑛
责任编辑: 曲　径
封面设计: 石　宏
印刷监制: 佟汉冬

*

©华语教学出版社
华语教学出版社出版
（中国北京百万庄路 24 号　邮政编码 100037）
电话: (86)10-68320585
传真: (86)10-68326333
网址:www. sinolingua. com.cn
电子信箱: hyjx@ sinolingua. com.cn
北京市外文印刷厂印刷
中国国际图书贸易总公司海外发行
（中国北京车公庄西路 35 号）
北京邮政信箱第 399 号　邮政编码 100044
新华书店国内发行
2004 年（大 16 开）第一版
2009 年第一版第三次印刷
（汉英）
ISBN 978－7－80052－974－0
定价: 48.00 元